Q&A ヘイトスピーチ解消法

●監修
師岡康子

●編著
外国人人権法連絡会

現代人文社

目次

はじめに──ヘイトスピーチ解消法の立法経緯と概要………5

総論

- **Q1** 人種差別撤廃条約とは？………14
- **Q2** 解消法は人種差別撤廃条約の要請に十分応えているのか？………16
- **Q3** 解消法と人種差別撤廃条約に矛盾があったときは、どちらが優先されるのか？………18

対象と効果

- **Q4** 解消法が定める「本邦外出身者」とは誰か？………20
- **Q5** 在留資格のない外国出身者も解消法の保護の対象になるのか？………22
- **Q6** 解消法が定める「不当な差別的言動」とは、どのようなものを指すのか？………24
- **Q7** 「不当な差別的言動」はどのように判断するのか？………26
- **Q8** 沖縄などで米軍基地建設に抗議する市民が米兵に対して「ヤンキーゴーホーム」等の発言を行うことは、不当な差別的言動にあたるのか？………28
- **Q9** インターネット上の人種差別的な書き込みは不当な差別的言動にあたるのか？………29
- **Q10** 人種差別的な書籍の出版は解消法の対象となるのか？………32
- **Q11** 不当な差別的言動を受けた場合、民事上の損害賠償請求ができるのか？………34
- **Q12** 不当な差別的言動が繰り返された場合、裁判所に差止めを求めることができるのか？………36
- **Q13** 不当な差別的言動がなされた場合、解消法によって刑事罰が科せられることはあるのか？………38
- **Q14** 政治家や行政機関等の職員が不当な差別的言動をした場合も、解消法が適用されるのか？………40
- **Q15** 解消法は国民に差別解消のための努力義務を課しているが、企業には何が求められるのか？………43
- **Q16** ヘイトスピーチに対するカウンター行動は、解消法ではどう位置づけられるのか？………45

体制の整備

Q17 地方公共団体は解消法によって何が求められるのか？……… 47

Q18 地方公共団体はどのような条例を作ればよいのか？……… 49

Q19 地方公共団体は、ヘイトデモ等を行うために公園等の使用許可を申請された場合、不許可にできるのか？……… 52

Q20 公安委員会や警察は、ヘイトデモ等を行うために道路の使用許可を申請された場合、不許可にできるのか？……… 55

Q21 ヘイトデモ等の現場で、警察が解消法に基づいてヘイトスピーチを止めることはできるのか？……… 57

Q22 選挙期間中に行われるヘイトスピーチはどう扱われるのか？……… 59

Q23 ヘイトスピーチが行われた場合、どこに相談に行けばよいのか？……… 61

Q24 解消法にいう「必要な相談体制の整備」とは、具体的に何を意味するのか？……… 63

Q25 法務省の人権救済申立制度は解消法で変わるのか？　変わるとすればどう変わるのか？……… 65

Q26 地方公共団体の相談業務における「必要な体制」とは何か？……… 68

教育と啓発

Q27 解消法が求める、学校教育における「必要な取組」とはどのようなものか？……… 70

Q28 学校教育において「本邦外出身者等」はどのように位置づけられているのか？……… 72

Q29 解消法が求める、社会教育における「必要な取組」とはどのようなものか？……… 74

Q30 解消法は、すでにある「人権教育啓発推進法」とどのような関係にあるのか？……… 76

Q31 警察を含む行政機関の職員への教育も想定されているのか？　想定されている場合どのような教育が必要になるか？……… 78

Q32 裁判官への教育も想定されているのか？　想定されている場合どのような教育が必要になるか？……… 80

Q33 解消法が求める啓発活動とはどのようなものか？……… 82

今後の課題

Q34 解消法を実効化するために、附則の「見直し規定」をどのように活用すべきか？……… 84

Q35 解消法で対象とならない入居差別や就職差別などの差別的取扱いについてはどうなるのか？……… 86

資料1　本邦外出身者に対する不当な差別的言動の解消に向けた取組の推進に関する法律《ヘイトスピーチ解消法》……**88**

資料2　参議院法務委員会　附帯決議……**89**

資料3　衆議院法務委員会　附帯決議……**89**

資料4　参議院法務委員会「ヘイトスピーチの解消に関する決議」……**90**

資料5　あらゆる形態の人種差別の撤廃に関する国際条約《人種差別撤廃条約》（抄）……**90**

資料6　人種差別撤廃委員会　一般的勧告35「人種主義的ヘイトスピーチと闘う」（抄）……**93**

資料7　市民的及び政治的権利に関する国際規約《自由権規約》（抄）……**101**

資料8　本邦外出身者に対する不当な差別的言動の解消に向けた取組の推進に関する法律の施行について（通達）……**101**

資料9　「本邦外出身者に対する不当な差別的言動の解消に向けた取組の推進に関する法律」の施行について（通知）……**102**

はじめに──ヘイトスピーチ解消法の立法経緯と概要

　本書は、「本邦外出身者に対する不当な差別的言動の解消に向けた取組の推進に関する法律」(以下、「解消法」。本書88頁)を活用する見地から、実践的なQ&Aの方式で解説したものである。

　解消法は、「本邦外出身者」(☞Q4、Q5)に対する「不当な差別的言動」(☞Q6〜Q13)を「あってはなら」ないこと、「許されないこと」とし、解消に向けた取組みについて「基本理念」として国民の努力義務を定め (☞Q15、Q16)、国と地方公共団体の「責務」(☞Q14、Q17〜Q21)を明らかにし、「基本的施策」(☞Q23〜Q33)を定めた理念法である。

　なお、解消法は、通称「ヘイトスピーチ解消法」または「ヘイトスピーチ対策法」と呼ばれる。「ヘイトスピーチ」との文言は、条文にも国際人権条約にもないが、国連人種差別撤廃委員会の「人種主義的ヘイトスピーチと闘う」と題する「一般的勧告35」(2013年、本書93頁)および「国民、人種又は宗教に基づく憎悪煽動の禁止に関する専門家ワークショップに関する国連人権高等弁務官報告」(「ラバト行動計画」、2013年)によれば、日本も加盟している人種差別撤廃条約4条(本書91頁)および自由権規約20条2項(本書101頁)に規定されているすべての表現形式はヘイトスピーチにあたる。民族、国籍、皮膚の色、社会的身分、宗教、性、性的指向、障がいなど、自分で変更できない、もしくは変更が著しく困難な属性を理由として行われる差別表現、特に差別の煽動を指す(定義の詳細は師岡康子『ヘイト・スピーチとは何か』〔岩波新書、2013年〕参照)。解消法における「不当な差別的言動」との文言は、両院附帯決議1項(本書89頁)が人種差別撤廃条約の精神を掲げていることから、上記の国際人権基準の規定するヘイトスピーチの一部にあたると解するべきである。

1．ヘイトスピーチ解消法成立の経緯

(1)　ヘイトスピーチの急増

　在日コリアンに対するヘイトスピーチは、日本による朝鮮植民地支配の下

ではもちろん、戦後も日常的に行われてきたが、2000年代半ばから、嫌韓本がミリオンセラーになり、インターネット上で匿名でのヘイトスピーチが広がった。2007年1月に「在日特権を許さない市民の会」(在特会) が結成されたことを皮切りに、ヘイトデモ・街宣が路上で公然と恒常的に集団で行われるようになった。特に安倍第2次政権が2012年12月に成立して以降、ヘイトデモ・街宣は勢いを増し、全国で年に400件前後にのぼるほど急増、蔓延した (「行動保守アーカイブプロジェクト」のウェブサイト参照)。2013年初頭には、東京・新大久保と大阪・鶴橋という東西の代表的なコリアタウンで、「二足歩行で歩くな、チョンコの分際で」「南京大虐殺じゃなくて、鶴橋大虐殺を実行しますよ！」などと拡声器でがなり立て、日章旗や旭日旗とともに「良い韓国人も悪い韓国人もどちらも殺せ」などのプラカードを掲げて練り歩くデモ・街宣が毎週末のように行われた。東京でのデモ参加者数は時に数百人にも及んだ。主催者たちは活動実績として自らインターネット上にその動画を投稿し、それらに支持を表明するヘイトコメントが連なり、差別主義者の団体の会員数は増え続けた。これらの映像は英米韓など各国でも報道され、衝撃を与えた。

　他方、これらのヘイトデモに対して、現場で抗議するカウンター活動参加者も急増し、さまざまな活動を展開した。2013年3月には、有田芳生・民主党 (当時) 参議院議員を中心に、国会議員有志がヘイトデモを批判する院内集会を開いた。この集会の新聞報道の際に「ヘイトスピーチ」という言葉が使われて以降、この言葉は急速に広がった。また、この院内集会を契機に、以前より反人種差別法を求めてきたNGOが国会議員アンケート、院内集会などさまざまな取組みを行い、ヘイトスピーチ問題が法的には人種差別撤廃条約上の義務の不履行の問題であるとの認識が広まった。

　2013年10月には、京都朝鮮学校襲撃事件について、在特会らの言動は人種差別撤廃条約の定める人種差別にあたり、表現の自由の保障の範囲外であると明言され、約1200万円の損害賠償と校門から200メートル以内での街宣を禁止する画期的な京都地裁判決が出て、大きく報道された。同年末には「ヘイトスピーチ」が流行語大賞ベストテンにまで入り、日本で初めて在日コリアンに対する差別問題の一角が広く社会に知られるようになったのである。

⑵　国内外の世論の高まりと国会の取組み開始

　翌2014年4月には、院内集会を開いた議員有志を中心に、与党の公明党議員を含む超党派の「人種差別撤廃基本法を求める議員連盟」が設立された。被害当事者およびNGOの声を聴き、ヘイトスピーチをなくすためには人種差別全体に取り組むべきであり、人種差別撤廃条約に基づく国・地方公共団体の差別撤廃義務を具体化する基本法が取組みの出発点として必要との共通認識に至ったからである。

　5月には、首相・法相などがヘイトスピーチについて「憂慮」「残念」と発言した。7月には、京都朝鮮学校襲撃事件の一審判決を支持する大阪高裁判決が出された。それを受けて2日後に、大阪市長が市としてヘイトスピーチ対策を検討すると表明するなど、大きな影響を与えた。

　さらに同月末には、国連自由権規約委員会の日本政府報告書の審査があり、ヘイトスピーチの法規制を求める勧告が出された。続く8月には国連人種差別撤廃委員会の審査で、ヘイトスピーチ、ヘイトクライム（差別的動機に基づく犯罪）の法規制のみならず、人種差別禁止法制定など包括的な差別撤廃政策を強く求める勧告が出て、大きく報道された。

　これらの国内外の批判を受けて与党も動き出し、8月には自民党、9月には公明党にヘイトスピーチ対策プロジェクトチームが作られた。ただし、自民党の第1回会合で高市早苗・政調会長（当時）は、国会周辺のデモもうるさくて仕事にならないのでその規制も検討すると発言し、ヘイトスピーチ問題に乗じた表現の自由への抑圧であると野党・マスコミから強く批判された。

　9月以降、国連勧告を契機として、東京都国立市議会を皮切りに、国に対策を求める意見書が続々と出されていった（2016年5月末時点で300以上）。

　11月には、野党が共同で参議院に人種差別撤廃施策推進法案を出す直前まで進んだが、急遽総選挙が決まり、とりやめとなった。総選挙にあたり、外国人人権法連絡会は各党に対しアンケートを行った。回答した全党がヘイトスピーチ対策の必要性を認め、また、自民党を含めて人種差別撤廃基本法制定に反対した政党はゼロだった。12月、最高裁の決定により京都朝鮮学校襲撃事件大阪高裁判決は確定した。

(3) 野党法案提出から継続審議へ

　2015年2月、外国人人権法連絡会は人種差別撤廃基本法のモデル案を発表し、議員とも協議を重ねた。5月22日、前述の議員連盟所属の野党議員7名が参議院に「人種等を理由とする差別の撤廃のための施策の推進に関する法律案」(以下、野党法案)を提出した。条約の定める「人種、皮膚の色、世系又は民族的若しくは種族的出身」を理由とする「差別的取扱い」および「差別的言動」(ヘイトスピーチ)の禁止を宣言し、国の責務として基本方針策定、国会への年次報告、実態調査、被害当事者の意見聴取、内閣府への審議会新設などを定め、財政措置もつく人種差別撤廃基本法であった。ただし、罰則などの制裁規定は置かれていなかった。

　他方、公明党プロジェクトチームは7月に、内閣府と法務省に要望書を提出し、人種差別の実態調査と人種差別撤廃政策の策定を求めた。これを受けて政府は、年度内にヘイトスピーチ実態調査を行うと発表した。

　8月6日、野党法案は参議院法務委員会で審議入りし、発言した議員のほとんどはヘイトスピーチ対策に前向きだったが、その後は自公民進4党間の非公開の協議会で検討がなされた。そこで自民党から、①ヘイトデモはまだしも、人種差別全体がそこまで深刻な問題といえるか疑問があり、間口が広すぎる、②禁止条項は表現の自由の観点から慎重に、などの意見が表明された。公明党は、外国等の出身者に対するヘイトスピーチに特化した理念法を提案したが、自民党の一部はそれにも消極的で、まとまらなかった。野党法案は採決に至らなかったが、NGOが院内外で数回集会を開くなど、国に対策を求める世論を受け、廃案ではなく継続審議となった。

　同年秋に臨時国会は開かれず、また、翌2016年7月には参議院改選のため、翌年の通常国会で法案が成立しない限り廃案となるのは確実だった。

　他方、法務省は11月から、ヘイトスピーチの実態調査に着手した。12月末には2016年度予算案で、2020年の東京オリンピック・パラリンピックに向けて「新たな人権擁護施策の推進」「人権大国・日本の構築」を掲げ、2016年度には外国人の人権状況に関する調査を行うと発表した。政府が具体的な年数を限って「人権大国」を目標として掲げたのは初めてであり、国内外からの強い批判を受けてオリンピック・パラリンピック対策としても何らかの対策を立てなければならないのは明らかだった。

2016年1月15日、大阪市で「大阪市ヘイトスピーチへの対処に関する条例」が成立し（☞Q18）、国会での法整備への後押しとなった。

　同年3月22日、参議院法務委員会で野党法案に関する参考人質問が行われた。川崎市在住の在日三世の女性は、2013年以降11回も川崎で行われたヘイトデモによる被害を訴えた。生活の場、職場、家族、地域のつながりを破壊され、人間の尊厳を傷つけられながら、法により保護されない苦しみ、恐怖が、具体的な事実を通じて語られ、与野党議員に衝撃を与えた。さらに3月31日には、2015年11月と2016年1月の2回、デモのターゲットとなった川崎市の在日コリアン集住地区の被害現場へ、参議院法務委員会所属の国会議員10人が視察に行き、在日一世のハルモニ、四世の中学生などから、差別が被害者と地域社会に与える深刻な被害を直接聞いた。

　また、3月30日、法務省の調査結果が発表され、恐怖や苦しみを訴える各地の被害者たちの声とヘイトデモ・街宣が「沈静化したとはいえない」状況が報告された。

(4)　与党法案提出から可決へ

　これらを受けて与党の自民・公明両党は、2016年4月8日、野党法案への対案として、参議院に「本邦外出身者に対する不当な差別的言動の解消に向けた取組の推進に関する法律案」（以下、与党法案）を提出した。NGOからの共同の修正要請や日弁連などから声明も出され、与野党で集中的な議論が行われ、与党法案が一部修正された。具体的には2条の「不当な差別的言動」の定義に「著しく侮蔑する」場合を挿入し、附則2項として、施行後に「差別的言動の実態等を勘案し、必要に応じ、検討が加えられるものとする」との見直し条項を追加した。しかし、「適法に居住するもの」（2条）との文言、人種差別撤廃条約との関係、定義の解釈、保護の対象、地方公共団体の努力義務、インターネット対策、実態調査の必要性などの問題点は、案文修正にまで至らず、附帯決議などの形で表明されることになった。

　5月12日、与党法案は参議院法務委員会において全会派一致で附帯決議を付けたうえで可決され、13日に参議院本会議での可決後、20日、衆議院法務委員会において全会一致で附帯決議を付けて可決、24日に衆議院本会議で賛成多数で可決され、成立した。さらに異例なことに、26日、参議院法務委員

会では「ヘイトスピーチの解消に関する決議」を全会派一致で採択し、「あらゆる人間の尊厳が踏みにじられることを決して許すことはできない」「ヘイトスピーチ解消及び被害者の真の救済に向け、差別のない社会を目指して不断の努力を積み重ねていくこと」などが宣言された (本書90頁)。

6月3日、解消法は施行され、同日、警察庁から各都道府県警察の長などへ向けた通達 (本書101頁)、同月20日、文部科学省から教育委員会、教育機関などへの通知 (本書102頁) が出されている。

なお、附則は法律の一部であって法的拘束力があるが、法務委員会の附帯決議は法律の一部ではなく、法的拘束力はない。ただし、附帯決議および参議院法務委員会の決議は立法者の意思として、解釈基準となりうる。

2．ヘイトスピーチ解消法の概要

解消法は、野党法案と異なり人種差別撤廃基本法ではなく、外国出身者およびその子孫に対するヘイトスピーチに特化した理念法である。本文が7条、附則が2条の短い法律で、「第1章 総則」と「第2章 基本的施策」とに分かれている。

前文では、ヘイトスピーチにより被害者が「多大な苦痛を強いられるとともに、当該地域社会に深刻な亀裂を生じさせている」害悪を認め、ヘイトスピーチを「あってはならず」「許されないことを宣言」している。

1条は目的として、ヘイトスピーチ「解消が喫緊の課題」であることから、国などが解消に向けた取組みを推進することとする。

2条は定義規定であり、「本邦外出身者」とは、「専ら本邦の域外にある国若しくは地域の出身である者又はその子孫であって適法に居住するもの」とする。また、「不当な差別的言動」とは、①差別的意識を助長し、または誘発する目的で、②外国の出身であることを理由として、③生命などに危害を加える旨を告知しまたは著しく侮蔑するなど、地域社会から排除することを煽動するものとする。

3条は基本理念として、国民が「不当な差別的言動のない社会の実現に寄与する」よう努めることとしており、差別禁止規定ではない。

4条は「責務」であり、1項で、国は「解消に向けた取組に関する施策を実施」

し、地方公共団体に「必要な助言その他の措置を講ずる」と定める。2項で地方公共団体は「地域の実情に応じた施策を講ずるよう努めるものとする」とされ、国よりも義務の程度が減じられている。

5条から7条が「第2章 基本的施策」となるが、それぞれ相談体制の整備、教育の充実等、啓発活動等が抽象的に挙げられている。いずれも国や地方公共団体がこれまで多少なりとも人権施策として行ってきた事項であり、これまでと違うどのような施策をとるのか文言上は明らかではない。

3．ヘイトスピーチ解消法の意義

(1) 日本で初めての反人種差別法

それでも解消法は、「差別的言動」が被害者に「多大な苦痛」を与え、「地域社会に深刻な亀裂を生じさせている」という差別による被害を認め、前文では「差別的言動は許されないことを宣言」し、1条で「解消が喫緊の課題である」として、国と地方公共団体が差別解消に向けた取組みを推進することを目的として掲げており、日本で初めての反人種差別法となった。

国は、植民地支配の結果日本に住むことを余儀なくされた在日コリアンを、戦後も入管体制により管理・差別の対象として扱い続けてきたのであり、人権保障の観点からの法律はないに等しい。1995年には人種差別撤廃条約に加盟し、差別を禁止し、終了させる義務を負いながら、深刻な差別の存在自体を認めず、法整備の必要性も否定してきた。すでにヘイトスピーチが社会問題化していた2014年8月に行われた人種差別撤廃委員会による日本審査の場においても、政府代表は同趣旨の発言をしたのである。

戦後70年、条約加盟後だけでも20年にわたって、差別と闘う人々は、条約に基づく人種差別撤廃政策とその法制度化を求め続けてきた。外国人人権法連絡会は、弁護士や研究者、NGOなどが集まり2005年に結成され、外国人・民族的マイノリティの人権基本法、人種差別撤廃法および国内人権機関設置を求めて取り組んできた。そのような当事者をはじめとする人々の長年の努力が今回やっと一部でも実を結んだといえる。

これまで国が差別を黙認し、警察がヘイトデモ・街宣を表現の自由として守り、被害者の声を無視し、あたかも差別がないことのように扱われてきた

ことが、被害者をより苦しめ、社会全体への絶望感をもたらしてきた。今回、解消法により国が差別被害を認め、反差別の立場に立ち、反差別が国と社会の標準となったことの意義は大きい。

(2) 解消法成立の効果

　解消法は、施行前の成立直後からすでに効果が現われた。これまで2回、川崎市桜本へのデモを仕掛けた主催者は、参議院法務委員会での可決直後の5月15日、桜本への3回目のデモ実施を表明した。地元の在日コリアンを中心に多くの人たちがデモ中止を求めて立ち上がった。5月31日、川崎市長は、解消法および附帯決議の精神に則り、川崎市でこれまでヘイトデモ・街宣を繰り返してきた主催者による在日コリアン集住地区近くにある市立公園利用申請に対して、不許可処分との英断を行った。

　また、6月2日、横浜地裁川崎支部は、川崎の在日コリアン集住地域周辺でのヘイトデモおよび徘徊禁止の画期的な仮処分決定を行った。その決定では、差別・排除されずに平穏に生活する権利が憲法13条で保障される人格権として認定され、解消法2条の定める「不当な差別的言動」は、それを侵害する不法行為（民法709条）を構成するとされた。

　これまでは差別された側が裁判に訴える際、不法行為にあたることをすべて主張・立証しなければならず、かつ、不法行為にあたるとされても、それが差別であると認定されることは容易ではなく、被害者に泣き寝入りさせる一因となっていた。解消法ができたことにより、解消法の定義に該当すれば差別であり、不法行為にあたると認定されやすくなり、被害者の主張・立証の負担が軽減された。反差別法の意義の一つがこの負担の軽減であるが、さっそくその効果が証明されたといえよう。

　この決定では、「この人格権の侵害に対する事後的な権利の回復は著しく困難であることを考慮」して事前差止めを認めており、これから解消法を具体化する地方公共団体に対し、ヘイトスピーチの事前抑止を促す意味も大きい。

(3) 実際のヘイトデモへの影響

　翌6月3日の施行日、警察庁から各都道府県警などに対し、ヘイトスピー

チに関し違法行為があった場合に「厳正に対処するなど」、ヘイトスピーチ解消に向けて取り組むよう通達が出された。なお、外国人人権法連絡会は5月24日、解消法成立の時点で、解消法3条は国民に「不当な差別的言動のない社会の実現に寄与する」努力を求めており、カウンター活動はまさにこのような努力にあたるので、その活動を尊重すべきことを求めた。この点は通達には明記されなかったが、施行後、各地の現場の警察の対応に変化があった。

6月5日、川崎市で集住地域を通らないコースに変更されたヘイトデモが二十数人により行われようとした際、千人近くもの抗議の人たちが集まり、一部は路上にシットインしたが、警察は強制的には排除しなかった。警察はデモ主催者に対し、強行すると危険であると説得し、10メートルほど進んだところで主催者が中止を決定した。そのほか、地域により程度の差があるが、大阪、銀座など多くの地域で警察がこれまでの警備体制を改め、一部の警官はデモ主催者側を向き、カウンターを敵視せず、デモ側に差別的言動をやめるよう促すようになっている。

ヘイトデモ・街宣の主催者たちの多くも解消法を意識し、発言内容をトーンダウンさせてきている。

⑷ 今後の課題

他方、解消法は、成立前からNGOが指摘してきた不十分な点を多く含んでいる。解消法は理念法であり、禁止条項がなく、具体的な施策も明記されていないため、「喫緊の課題である」ヘイトスピーチ解消に向けた実効性あるものにするためには、解消法に則った国および地方公共団体の具体的な施策が不可欠である。そのためには、国・地方の関係担当者のみならず、市民も解消法が具体的に機能するよう能動的に働きかけ、共同して実効性あるものにしていく必要がある。

本書は、差別問題に専門的に取り組んできた弁護士・研究者などが分担執筆してまとめたものである。解消法成立の経緯に鑑み、人種差別撤廃条約をはじめとする国際人権基準、衆参両院の附帯決議、参議院法務委員会決議および両院法務委員会での発議者の発言などを参考に、本法の解釈をQ&Aで示した。差別撤廃に向け、役立てていただければ幸いである。　　　　〔師岡康子〕

Q1 人種差別撤廃条約とは？

　ヘイトスピーチを考えるにあたってまずはじめに知るべきは、国際的なスタンダードである人種差別撤廃条約である。第2次世界大戦後、1948年に世界人権宣言が採択され、すべての人が自由かつ平等であると宣言されたが、その後も植民地支配等、各地で深刻な人種差別が続いていた。1959年末から欧米39カ国でネオナチによるヘイトスピーチ、ヘイトクライムが続発したことへの危機感から、1965年、人種差別撤廃条約は国連総会で採択された。主要人権9条約の中で最初にできた条約であり、締約国数も177カ国（2016年8月1日現在）と国連締約国の9割を超える。日本は1995年に加盟した。

　条文は全部で25条だが、組織や手続き以外の実体的な規定は1条から7条である（本書90頁）。1条は人種差別の定義、2条は差別撤廃政策などを行う義務、3条はアパルトヘイトの禁止、4条は差別の煽動・行為の根絶のための措置、5条は平等な権利の保障、6条は保護および救済、7条は教育等について定める。なかでも2条1項(d)が、最も基本的で広範囲の義務を定め、締約国に対して「いかなる個人、集団又は団体による人種差別も禁止し、終了させる」義務を負わせている。なお、「締約国」とは、政府のみならず、裁判所、国会はもちろん、地方公共団体も締約国の組織の一部として含む。

　条約に加盟すれば、締約国は、国際的な約束としてその義務を守る国際法上の効力を生じる。よって、加盟の際に、条約内容と国内法との齟齬がある場合には法整備をするのが原則である。日本は加盟時に最低限、差別禁止法を制定すべきだったが行わなかった。

　また、憲法98条2項が「締結した条約及び確立された国際法規は、これを誠実に遵守することを必要とする」と定めていることを根拠に、締結した条約は自動的に国内法となる。国内法の中で、条約は法律・条例より上位なので、条約に違反する法律などは無効となるし、可能な場合には法律などの内容は条約内容に合致するように解釈しなければならない。

条約には、締約国が条約上の義務を履行することを促す制度が定められている。その一つが、国連に履行状況を報告し、人種差別撤廃委員会の審査を受ける報告制度である（9条）。委員会は担当委員を決めて報告書を精査し、締約国の代表との間で意見交換を行い、「総括所見」を出す。その中で条約にそぐわない現状がある場合、懸念を表明し、具体的な是正を求める勧告を行う。「勧告」に法的拘束力はないが、委員会は条約で設置された専門家による履行監視機関であり、憲法上、条約を「遵守することを必要とする」ことから、真摯に受け止め、従うよう努力することが求められる。

　しかし、日本はこれまで2001年、2010年、2014年と3回勧告を受けているが、条約上の義務全般の履行が不十分であり、実態調査の実施、差別禁止法制定など、ほぼ同じ内容の勧告を繰り返し受けてきた。2014年の総括所見5項では、政府が前回2010年の総括所見をほとんど無視しているとの懸念が示されたほどである。

　このほか、委員会は、全締約国に向けた「一般的勧告」を出している。そのうち2013年に出された「人種主義的ヘイトスピーチと闘う」と題する「一般的勧告35」は、各国がヘイトスピーチ対策を行うための条約解釈の詳細なガイドラインであり、日本での法整備にも参考になる（本書93頁）。

　さらに、条約は14条で個人通報制度を定めている。締約国の管轄下にある人が、裁判など国内の救済手続きを経ても人権侵害と認められなかった場合に、委員会に通報し、審査を受けることができるものである。2016年8月1日現在、57カ国がこの制度の受入れを宣言しているが、日本はまだである。

　日本が条約に加盟した1995年以降、条約違反と認定された判例は、外国人に対する宝石店入店拒否（1999年）、公衆浴場入店拒否（2002年）などわずかであったが、京都朝鮮学校襲撃事件について2013年10月京都地裁、2014年7月大阪高裁で差別街宣・デモを条約違反と認定する画期的判決が出され、同年末、最高裁で確定した。また、2016年4月、徳島県教組業務妨害事件の高松高裁判決で、朝鮮学校を支援していた日本人の組合幹部に対し「朝鮮の犬」などと攻撃する言動が条約違反と認定された。さらに、解消法成立直後の2016年6月2日、川崎市の在日コリアン集住地区に対するデモの差止めの仮処分を認めた横浜地裁川崎支部は、差別・排除されない権利の重要性の根拠の一つとして、条約と解消法を使っている。

［師岡康子］

Q2 解消法は人種差別撤廃条約の要請に十分応えているのか？

　解消法が条約や人種差別撤廃委員会の勧告に対応すべく作られたことは、衆参両院の附帯決議1項および参議院法務委員会決議、さらには法務省人権擁護局のサイト中の「ヘイトスピーチに焦点を当てた啓発活動」における説明で明らかである。

　しかし、ヘイトスピーチは人種差別、すなわち「人種、皮膚の色、世系又は民族的若しくは種族的出身に基づく」（人種差別撤廃条約1条1項）差別の一つの形態であり、条約が求めているのは「禁止し、終了させる」（同条約2条1項(d)）ことである。条約は、差別の中でも特にヘイトスピーチを暴力、ジェノサイドに結びつく危険なものとして、禁止一般にとどまらず、犯罪として処罰することを求めている（同条約4条(a)(b)）。ただし、この点日本は「日本国憲法の下における集会、結社及び表現の自由その他の権利の保障と抵触しない限度において、これらの規定に基づく義務を履行する」との留保をつけており、刑事規制については議論があるが、少なくとも、「禁止し、終了させる」義務があることは明らかである。また、自由権規約20条2項（本書101頁）でも、法規制する義務が課せられている。

　人種差別撤廃委員会が2013年に出した「一般的勧告35」では、「条約のあらゆる規範と手続きを動員しないことには、人種主義的ヘイトスピーチとの効果的な闘いができない」（3項）とし、特に「最低限やらなくてはならないのは、人種差別を禁止する、民法、行政法、刑法にまたがる、包括立法の制定であり、これは、ヘイトスピーチに対して効果的に闘うために不可欠である」（9項）と指摘している。また、「総括」部分で「締約国が、人種主義的ヘイトスピーチと闘う法律および政策を推し進めるために、目標と監視手続きを設置することがたいへん重要である」（47項）とまとめられている。

　さらに、委員会は日本政府の報告書に対して、これまで2001年、2010年、2014年と3回の審査を行い、ヘイトスピーチ関連で多くの勧告を出してきて

いる。直近の2014年の勧告は下記のとおりである（外務省ウェブサイト参照）。
(1) 外国籍者を含むマイノリティ諸集団に対する差別に関するデータ収集
(2) 人種差別を禁止する包括的な特別立法の採択
(3) 国内人権機関の設置
(4) 4条(a)(b)の留保の撤回と、4条に準拠したヘイトスピーチの法規制
(5) ヘイトクライム・ヘイトスピーチ対策
　① 憎悪および人種差別の表明、デモ・集会における人種差別的暴力および憎悪の扇動にしっかりと対処すること
　② インターネットを含むメディアにおいて、ヘイトスピーチに対処する適切な措置をとること
　③ そのような行動について責任ある個人や団体を捜査し、必要な場合には起訴すること
　④ ヘイトスピーチを広めたり、憎悪を扇動した公人や政治家に対して適切な制裁措置をとることを追求すること
　⑤ 人種差別につながる偏見に対処し、また国家間および人種的あるいは民族的団体間の理解、寛容、友情を促進するため、人種差別的ヘイトスピーチの原因に対処し、教授法、教育、文化および情報に関する措置を強化すること

　委員会の審査の場でも、総括所見を発表した記者会見でも、委員会が最も強調したのは人種差別禁止法を作ることであった。
　このように、条約および人種差別撤廃委員会からは禁止法が求められていることからすると、解消法はとりあえずの緊急対策として第一歩を踏み出したにすぎないことがわかる。
　国と地方公共団体が「人種主義的ヘイトスピーチと闘う法律および政策を推し進めるために、目標と監視手続きを設置」することがまず不可欠であり、そのためには、人種差別撤廃基本法を整備して、政策全般を調査・検討し、提言機能を有する独立性ある専門機関を設置すべきである。そこで最優先課題として人種差別禁止法の内容を検討し、「最低限やらなくてはならない」「人種差別を禁止する、民法、行政法、刑法にまたがる、包括立法」をできる限り早く整備することが求められている。

〔師岡康子〕

Q3 解消法と人種差別撤廃条約に矛盾があったときは、どちらが優先されるのか?

　人種差別撤廃条約は、「各締約国は、すべての適当な方法(状況により必要とされるときは、立法を含む。)により、いかなる個人、集団又は団体による人種差別も禁止し、終了させる」と定めている(2条1項(d))。日本は、同条約の締約国として、「人種差別」を「禁止」する義務を負っている。

　他方、解消法は、「本邦外出身者に対する不当な差別的言動」を「解消」されるべきものとしている。「本邦外出身者に対する不当な差別的言動」は人種差別の一種だが、人種差別全体からすると一部にすぎない。また、「禁止」と「解消」とでは意味が異なるようにも思える。このため、①人種差別であってもそれが本邦外出身者以外の者への不当な差別的言動に対する差別なら許容されるのではないか、②差別的言動以外の人種差別は許容されているのではないか、③差別を「解消する」という言い方をするので、差別は禁止されていないのではないか、という疑問を生じる。

　条約と法律に矛盾が生じた場合、どちらが優先されるかについては、条約が優先するとされている。これは、憲法98条2項が条約の誠実な遵守を求めていることなどから、導き出される。

　したがって、人種差別撤廃条約と解消法との関係については、(1)あくまでも人種差別撤廃条約を基本に考え、(2)人種差別撤廃条約と解消法がともに規定している部分については、解消法の規定は人種差別撤廃条約に矛盾しないように解釈されるべきであり、(3)人種差別撤廃条約が規定しているが解消法が規定していない部分については、人種差別撤廃条約の規定に従う、ということになる。上述の疑問に当てはめると、①本邦外出身者以外の者に対する人種差別も禁止される、②差別的言動以外の人種差別も禁止される、③解消法は差別を「解消する」という言い方をしているが、それは人種差別の禁止を否定する意味ではない、と解釈するべきである。

　そして、このような条約と法律との関係についての理解は、「差別、敵意又

は暴力の扇動となる国民的〔筆者注：民族的〕、人種的又は宗教的憎悪の唱道は、法律で禁止する」と規定している自由権規約20条2項と解消法との関係についても妥当する。

　この点、東京弁護士会の「地方公共団体に対して人種差別を目的とする公共施設の利用許可申請に対する適切な措置を講ずることを求める意見書」（2015年9月8日。同会ウェブサイト参照）が、「条例の自由権規約及び人種差別撤廃条約に照らしての限定的解釈」によって公民館等の公共施設をヘイト集会などに利用することを制限できるとしているのも、同じ趣旨と思われる。

　なお、適法居住条項（☞Q5）を満たさない者への不当な差別的言動を解消法が許容しているわけではないことについては、衆参両院の法務委員会での審議において、法案の発議者が何度も明言している。また、両院の法務委員会による附帯決議1項も、解消法の立法趣旨、憲法および人種差別撤廃条約の精神に照らし、「第2条が規定する『本邦外出身者に対する不当な差別的言動』以外のものであれば、いかなる差別的言動であっても許されるとの理解は誤りであるとの基本的認識の下、適切に対処すること」（衆院。参院も同旨）としている。これは、上位規範である条約に違反しないように法律が解釈されなければならないという、上記の理解が示されたものといえる。　　　　［殷勇基］

Q4 解消法が定める「本邦外出身者」とは誰か?

　解消法2条は、許されない不当な差別的言動の対象となる「本邦外出身者」を、「専ら本邦の域外にある国若しくは地域の出身である者又はその子孫であって適法に居住するもの」と定義している。人種差別的な言動を一律に禁止するのではなく、「本邦外出身者」に対する差別的な言動に限定したことについては、在日コリアンがヘイトスピーチの主要なターゲットになってきたという立法事実を踏まえたものである、との説明が法案発議者からなされている（例えば、2016年4月19日の参議院法務委員会における西田昌司議員の発言）。

　「その子孫」という文言が入っていることから、日本生まれの在日外国人二世・三世、およびそれ以降の世代については当然、解消法の保護対象となる。また、本邦外出身者の要件として外国籍であることは必要とされていないことから、日本国籍取得者とその子孫や、両親の一方が外国籍である者（いわゆるダブル）およびその子孫についても「本邦外出身者」に該当する。また、日系人や、いわゆる中国残留孤児についても「本邦外出身者」に該当しうる。

　他方、アイヌや被差別部落、琉球・沖縄出身者などについては、「本邦の域外にある国若しくは地域の出身である者」とは言いがたいため、「本邦外出身者」の定義に該当せず、解消法の保護対象にはならないと考えられる。

　しかしながら、解消法によって本邦外出身者以外の者に対する「不当な差別的言動」が許される、との理解は誤りである。このことは、法案審議の過程からも明らかである。すなわち、法案審議の過程では、法案の発議者からも、アイヌや難民、オーバーステイの人たちに対するヘイトスピーチも許されないことが繰り返し答弁された（例えば、2016年4月26日の参議院法務委員会における西田議員の発言、同年5月12日の参議院法務委員会における矢倉克夫議員の発言）。

　こうした答弁を踏まえて、衆参両院の法務委員会が採択した附帯決議1項

には、「第2条が規定する『本邦外出身者に対する不当な差別的言動』以外のものであれば、いかなる差別的言動であっても許されるとの理解は誤りであり、本法の趣旨、日本国憲法及びあらゆる形態の人種差別の撤廃に関する国際条約の精神に鑑み、適切に対処すること」(参院。衆院も同旨)との規定が明記され、2016年5月26日に参議院法務委員会において可決された「ヘイトスピーチの解消に関する決議」においても、「全国で今も続くヘイトスピーチは、いわゆる在日コリアンだけでなく、難民申請者、オーバーステイ、アイヌ民族に対するものなど多岐にわたっている。私たちは、あらゆる人間の尊厳が踏みにじられることを決して許すことはできない」と宣言されるに至った(本書90頁)。

また、人種差別撤廃条約は「人種差別」を「人種、皮膚の色、世系又は民族的若しくは種族的出身に基づくあらゆる区別、排除、制限又は優先であって、政治的、経済的、社会的、文化的その他のあらゆる公的生活の分野における平等の立場での人権及び基本的自由を認識し、享有し又は行使することを妨げ又は害する目的又は効果を有するもの」(1条1項)と定義して人種差別的行為および人種差別の煽動を禁止しており、これまでの人種差別撤廃委員会の日本審査では、アイヌや被差別部落、琉球・沖縄の出身者に対する差別も人種差別に該当するとされている。解消法の運用にあたっては、人種差別撤廃条約の趣旨を踏まえ、条約が求めるすべての人種的・民族的マイノリティに対する「不当な差別的言動」が禁止されていることを前提とすべきであり、「本邦外出身者」以外への「不当な差別的言動」は放置してもよいという対応は決して許されない。

そして将来的には、解消法を改正したうえで、人種差別撤廃条約に従い、すべての人種的・民族的マイノリティに対する「不当な差別的言動」についても解消法の適用対象とすることが望まれる。

〔金昌浩〕

Q5 在留資格のない外国出身者も解消法の保護の対象になるのか？

　解消法2条において、本邦外出身者は、「専ら本邦の域外にある国若しくは地域の出身である者又はその子孫であって適法に居住するもの」とされており、文言上は、在留資格のない外国出身者に対するヘイトスピーチには解消法は適用されないと解釈されかねない。

　しかし、この文言を入れたことは、反差別法の中に差別的要素を混入させたものであり、人種差別撤廃条約に違反する。すなわち、人種差別撤廃条約の解釈基準として人種差別撤廃委員会が示した「一般的勧告30」（2004年）においては、「人種差別に対する立法上の保障が、出入国管理法令上の地位にかかわりなく市民でない者に適用されることを確保すること、および立法の実施が市民でない者に差別的な効果をもつことがないよう確保すること」（7項）とされており、これに反するものである。

　また、在特会等の人種差別団体は、2009年に発生したカルデロン事件（退去強制命令を受けていたフィリピン人一家のうち娘のAさんに在留特別許可が出されたのを受け、2009年4月に在特会の会員らが埼玉県蕨市でAさんの通う中学校をコースに入れて一家の追放を主張するデモを行った事件）に見られるように、在留資格を有しない者または在留資格が明らかでない者を攻撃対象とするヘイトスピーチを繰り返しており、人種差別撤廃条約の趣旨からは、こうした在留資格を有しない者に対するヘイトスピーチの解消に向けた施策も当然実施されなければならない。したがって、人種差別撤廃条約の趣旨からは、速やかに解消法を改正し、「適法に居住するもの」との文言を削除すべきである。

　なお、「適法に居住するもの」という文言が解消法に盛り込まれた経緯については、法案発議者からは、在日コリアンがヘイトスピーチのターゲットになってきたという立法事実を踏まえたものであると説明されている（例えば、2016年4月19日の参議院法務委員会における西田議員の発言）。

また、自民党の「差別問題に関する特命委員会」委員長である平沢勝栄衆議院議員も「不法滞在者に対して出て行けというのは自然のことで、(これが)ヘイトスピーチと言われたら、政治的主張はできなくなってしまう」(同年6月13日放送のBSフジ「プライムニュース」における発言)と説明している。かかる主張の是非はさておき、この文言の趣旨は、非正規滞在者に対し在留資格がないことを理由に入管法に基づく退去を促すことを「不当な差別的言動」としないところにある。

　在留資格がない人々への不当な差別的言動を解消法が許容しているわけではないことは、参議院の法務委員会において2名の発議者が何度も明言したこと(例えば、2016年4月19日の西田議員の発言、同年4月26日の西田議員、矢倉議員の発言)、また、衆参両院の法務委員会において採択された附帯決議や、2016年5月26日の参議院法務委員会の「ヘイトスピーチの解消に関する決議」においても、難民申請者やオーバーステイを例示しながら「あらゆる人間の尊厳が踏みにじられることを決して許すことはできない」と宣言されていることからも、明らかである。

　以上より、「適法に」という文言は、削除されるまでの間、条約違反として運用上ないものとして扱われるべきものである。また、今後、地方公共団体で解消法の趣旨を踏まえた条例の制定や施策の実施を検討するにあたっては、この文言を条文上入れないよう、特に留意すべきである。　　　　〔金昌浩〕

Q6 解消法が定める「不当な差別的言動」とは、どのようなものを指すのか?

　解消法の発議者は、解消法の「不当な差別的言動」の定義にあたって、法務省が公益財団法人人権教育啓発推進センターに委託して実施したヘイトスピーチに関する調査（2016年3月公表）における分類を参考にしたと答弁している（2016年4月26日の参議院法務委員会における矢倉議員の発言）。この調査においては、一般的にヘイトスピーチと指摘されることの多い内容として、①特定の民族や国籍に属する集団を一律に排斥するもの（「○○人は日本から出て行け」など）、②特定の民族や国籍に属する集団の生命、身体等に危害を加えるもの（「○○人を皆殺しにせよ」など）、③特定の民族や国籍に属する集団を蔑称で呼ぶなどして、ことさらに誹謗中傷するもの（「ゴキブリ○○人」など）という類型が挙げられている。

　もっとも、解消法2条の文言上は、「差別的意識を助長し又は誘発する目的で公然とその生命、身体、自由、名誉若しくは財産に危害を加える旨を告知し又は本邦外出身者を著しく侮蔑する」ということが、「本邦外出身者を地域社会から排除することを煽動する」という要件の例示とされているため、「本邦外出身者を地域社会から排除することを煽動する」ことが結論的な要件となっており、単に侮蔑するような言葉はたとえ上記①から③に該当しても要件に入らないのではないかという懸念が生じうる。

　しかしながら、ここにいう「排除」は物理的な排除のみではなく、相手の人格を否定するような精神的な排除も含むと解釈するべきであり、本邦外出身者に対する害悪の告知や著しい侮蔑が行われた場合には、当該侮蔑には地域社会から排除されることの煽動が当然含意されている、と解釈すべきである。このことは、参議院法務委員会における質疑において、発議者が「地域社会から排除するという言葉〔には〕、……その人の、相手の存在を否定しているというような部分もある。その表現の対応いかんも全て含めて文脈上捉えるわけですが、根底にある部分は、その目の前の人の人格を排除して、そこの

地域社会に存在するに値しないんだというような意図も当然入ってくるわけであります。そういうものと併せて、扇動の対応等も踏まえて、当然該当し得る表現であるというふうに理解もいたしております」と述べていることからも明らかである（2016年4月26日の参議院法務委員会における矢倉議員の発言）。

　また、解消法の文言上は、「地域社会」から排除すると規定されているが、人種差別的な団体が示威活動において、「〇〇人は日本から出て行け」等と叫ぶ行為は、地域社会からの排除を包含するものとして解消法の適用対象となると捉えるべきである。この点については、発議者も法案審議の過程において、「日本というのは社会であって、地域社会という、そういう小さなくくりではありませんが、当然日本から出ていけということは地域社会から出ていけということも含まれてきますので、当然それも入ってくる」と述べていることからも明らかである（上記法務委員会における西田議員の発言）。

　「公然と」は、「告知し又は本邦外出身者を著しく侮蔑する」にかかり、「排除することを煽動する」にはかからないと考えられる。つまり、「排除することを煽動する」ような言論であれば、「公然」でなくても適用対象となる。発議者も、「公然でないような状況での言論」についても、「前後の文脈で、最終的に地域社会の分断となるような言論であればそれは対象になる」と理解している旨を述べている（2016年4月19日の参議院法務委員会における矢倉議員の発言）。

　解消法では、「不当な」差別的言動に適用対象が限定されているが、これは、「本邦外出身者に対する差別的意識を助長し又は誘発する目的で公然とその生命、身体、自由、名誉若しくは財産に危害を加える旨を告知し又は本邦外出身者を著しく侮蔑するなど、本邦の域外にある国又は地域の出身であることを理由として、本邦外出身者を地域社会から排除することを煽動する」行為が「不当」であることを確認する趣旨の文言であり、「不当」かどうかが独自の意味を持つものではないとされている（2016年4月26日の参議院法務委員会における矢倉議員の発言）。

〔金昌浩〕

「不当な差別的言動」はどのように判断するのか？

　ある言動が不当な差別的言動に該当するか否かは、最終的には、不当な差別的言動が問題になる場面に応じて、行政や司法の場で判断されることになる。「大阪市ヘイトスピーチへの対処に関する条例」においては、法律専門家および弁護士等の有識者で構成する審査機関を設けるものとされており、これは今後類似の条例を制定するに際して参考になる。

　また、解消法の前文において、本邦外出身者が、不当な差別的言動によって、「多大な苦痛を強いられるとともに、当該地域社会に深刻な亀裂を生じさせている」旨が明記されていることを踏まえ、ある言動が不当な差別的言動にあたるかどうかの判断においては、不当な差別的言動の対象となった当事者集団の意見を十分考慮する必要がある。

　解消法の発議者も答弁しているように、具体的にどのような言動が「不当な差別的言動」に該当するかについては、個別事案の文脈に応じた判断が必要となる。文脈にもよるものの、「○○人は日本で特権を持っている」といった虚偽の発言を、差別的意識を助長し又は誘発する目的で行った場合には、○○人を排除することを煽動する「不当な差別的言動」に通常該当するものと考えられる。

　なお、人種差別撤廃委員会の「一般的勧告35」15項では、人種差別撤廃条約4条の要請により法律で処罰されうるヘイトスピーチの判断に際して考慮されるべき文脈的要素として、以下の項目を挙げている。解消法は「不当な差別的言動」に対して民事・刑事その他の制裁を科すものではないが、以下の要素は解消法の解釈・運用に際しても参考になろう。

① スピーチの内容と形態――スピーチが挑発的かつ直接的か、どのような形態でスピーチが作られ広められ、どのような様式で発せられたか
② 経済的、社会的および政治的風潮――スピーチが行われ流布されたときに一般的であった経済的、社会的および政治的風潮。ある文脈において無

害または中立である言説であっても、他の文脈では危険な意味をもつおそれがある
③ 発言者の立場または地位——社会における発言者の立場または地位およびスピーチが向けられた聴衆を考慮すること。本条約が保護する集団に対して否定的な風潮をつくり出す政治家および他の世論形成者の役割に常に注意を喚起すべきであること。政治問題における言論の自由の特段の重要性は認めつつ、その行使には特段の義務と責任が伴うこと
④ スピーチの範囲——スピーチが主要メディアを通して伝えられているか、インターネットを通して伝えられているか。発言の反復が種族的および人種的集団に対する敵意を生じさせる意図的な戦略の存在を示唆するかどうか。コミュニケーションの頻度および範囲
⑤ スピーチの目的——個人や集団の人権を保護または擁護するスピーチは処罰の対象とされるべきではない

　例えば2016年4月、熊本大震災直後に、ツイッター上で「朝鮮人が井戸に毒を投げたから警戒しよう」という虚偽の流言を意図的に複数回にわたって拡散された行為は、1923年の関東大震災における軍、警察および民間の自警団による朝鮮人虐殺が同様の虚偽の流言を契機に行われたという歴史的経緯や、2011年の東日本大震災の際には中国人に関するデマが流れ、実際に自警集団が組織されたことなどの社会的および政治的風潮を背景にすると、朝鮮人と認識された者に対する暴力を引き起こす危険性があるきわめて悪質な言動といえる(②)。また、インターネットを通じてスピーチがすぐに拡散する可能性があること(①④)、虚偽の情報であることを知りながら朝鮮人への敵意を生じさせる目的で情報が発信され、このような虚偽の情報を災害時に拡散させることに公益的な目的は見出しがたいこと(⑤)を踏まえると、このような言動には、人種差別撤廃条約および解消法のいずれの趣旨からも厳しい対処が要請されているといえる。
　このような場合には、少なくとも国および地方公共団体は、早急に非難声明を出すなど緊急の対策が求められるといえよう。

［金昌浩］

Q8 沖縄などで米軍基地建設に抗議する市民が米兵に対して「ヤンキーゴーホーム」等の発言を行うことは、不当な差別的言動にあたるのか？

　このような発言は解消法の適用対象とならないと考えられる。

　解消法2条の「不当な差別的言動」の要件としては、「本邦外出身者に対する差別的意識を助長し又は誘発する目的」が必要とされている。沖縄などにおいて米軍基地の建設に抗議する市民が、米兵に対して「ヤンキーゴーホーム」等の発言を行ったとしても、これは、米軍基地反対等の政治的な目的でなされたものであり、差別的意識を助長・誘発する目的でなされたものではないから、「不当な差別的言動」の定義にあたらない。

　また、通常このような発言は、米軍基地の建設または米兵の駐留に対して反対するという目的でなされるものであり、米兵が米国出身であることを理由として発言されたものではないから、2条の「本邦の域外にある国又は地域の出身であることを理由として」という要件にも該当しないと解される。

　以上の点については、参議院法務委員会の質疑において、発議者も、「いわゆる米軍の反対運動というのは、これは政治的な発言であり政治的な運動でありますから、そういうことをこの法律をもって、元々禁止規定はありませんけれども、そのことをやめようとかいうことを言っているものでは当然ございません」(2016年5月12日の参議院法務委員会における西田議員の発言)と述べられていることからも明らかである。

　ただし、具体的にどのような言動が解消法2条の「不当な差別的言動」に該当するかについては、個別事案の文脈に応じた判断が必要となることに留意する必要がある。例えば、学校において、米国人と日本人との間で生まれたダブルの子どもに対するいじめとして、「ヤンキーゴーホーム」といった発言がなされた場合には、その言動は「不当な差別的言動」に該当しうる。

［金昌浩］

Q9 インターネット上の人種差別的な書き込みは不当な差別的言動にあたるのか？

(1) インターネット上の書き込みも該当しうる

「言動」はモノを言うだけではなく、モノを書くことも含むから、「書き込み」も「言動」に該当する。したがって、インターネット上の書き込みのうち、本邦外出身者に対する不当に差別的なものは、解消法のいう「不当な差別的言動」にあたる。国はそのような書き込みの「解消に向けた取組に関する施策を実施する」責務を有し（解消法4条1項）、地方公共団体はそのような「施策を講ずるよう努める」ことになる（同条2項）。

この点、参衆両院の法務委員会による附帯決議3項では「インターネットを通じて行われる本邦外出身者等に対する不当な差別的言動を助長し、又は誘発する行為の解消に向けた取組に関する施策を実施すること」について国および地方公共団体が特段の配慮をすることを求めている。不当な差別的言動のうち、インターネットによるものについて特に決議をしたのは、インターネットによる差別的な書き込みが匿名によって、容易に、かつ安価に行うことができる一方で、広範囲に拡散されて、深刻な影響をもちうるし、現にもってきたからである。なお、この附帯決議では、上記のとおり、「本邦外出身者等」に対する不当な差別的言動として、「等」が付されている点に留意すべきである。本邦外出身者以外の者も保護の対象であることが、国会の意思として明示されているといえるからである。

インターネットによるヘイトスピーチとそれへの対策については、人種差別撤廃委員会も日本に対する総括所見で特に取り上げて勧告している（2010年13項、2014年11項、33項）。

(2) 刑事的・民事的に規制できるか

人種差別的なインターネット上での書き込みのうち、特定の個人や法人に対する書き込みは、解消法成立以前から刑事・民事の規制の対象である。こ

のことについては後掲**Q11**〜**Q13**を参照。

　問題は、人種差別的なインターネット上での書き込みが、特定個人ではない人種・民族に向けられている場合である。「○○人のAはゴキブリだ」は特定の個人に向けられているが、「○○人はゴキブリだ」は特定個人ではない人種・民族に向けられた差別的言動である。これについては、法規制は難しいとされてきた。

　もっとも、従来からインターネットの利用に関する通信業者の利用規約において、「人種、民族、宗教、障害、性別、年齢、国籍、性的指向に基づく個人や集団への暴力を助長または容認するような内容、またはこれらの特性に基づいて憎悪を煽ることを主な目的とする内容は許容しない」などと、人種差別的書き込みの規制についても規定されているのが通常である。したがって、本来、利用規約違反を理由に削除申請が認められるべきである。

　とはいえ、日本では、人種差別的な書き込みは利用規約に反していても、実際には削除されることもなく、多くは放置されてきた。解消法は特定の個人に向けられていない言動も対象とするので、利用規約を活用して、より積極的に削除などの対応がとられることが望まれる。

　この点、ヨーロッパでは2016年5月31日、Facebook、Twitter、Microsoft、YouTubeというインターネット大手各社が、欧州連合（EU）による新たな行動規範に合意したことが報じられている。この規範は、投稿される違法なヘイトスピーチなどを対象とするものである。各社はこの規範に基づき、ヘイトスピーチを含む可能性のある投稿に関して多くの報告があった場合、通知を受けてから24時間以内に精査すること、必要に応じて投稿を削除することに同意した（http://europa.eu/rapid/press-release_IP-16-1937_en.htm〔2016年6月29日閲覧〕）。

(3) これまでの対応例

　なお、ヘイト動画については、法務局が削除を要請し、サイト側がこれに応じた例がある。東京法務局は2015年12月、在特会の元代表にヘイトスピーチをしないよう勧告するなど、抑止の取組みを強めていたが、それに引き続き、被害者側の申立てに基づきヘイト動画削除の要請を行ったものである。

　問題の動画は2009年11月、東京都の朝鮮大学校の校門前で在特会メンバー

が「朝鮮人を日本から叩き出せ」と大声を出している内容で、動画配信サイト「ニコニコ動画」などを通じて公開されていた。法務局は従来、名誉毀損やプライバシーの侵害があると判断した動画や書き込みについて、プロバイダーなどに発信者情報の開示や削除を要請してきていたが、今回は、人種差別的な動画についても削除を要請した。要請には法的拘束力はないが、2016年2月13日までにニコニコ動画を含む複数のサイトが「人格権侵害」などの理由で削除した。

　もっともこれは、法務局側が、特定した個人・法人にヘイトが向けられていることを重視して削除要請を行ったものだった。法務省の人権擁護機関は、インターネット上の情報が「個人の人権を侵害している場合」や、「特定の地域に居住する不特定多数の者に対する不当な差別的取扱いを助長し、又は誘発する目的で掲載されており」、その「インターネット情報を放置することにより、不当な差別的取扱いを助長し、又は誘発するおそれがあることが明白であると認められる場合」などに、人権侵犯事件調査処理規程（平成16年〔2004年〕法務省訓令2号。法務省ウェブサイト参照）14条1項の規定に基づきプロバイダーに対し削除要請をしており、総務省が運営を支援している「違法・有害情報相談センター」がインターネット情報についての相談を受けた場合には、「必要に応じ、法務省の人権擁護機関を紹介するなど、適切に対処している」としている（2016年2月9日の初鹿明博衆議院議員「同和地区Wikiに関する質問主意書」に対する政府答弁書）。ここで言う「特定の地域に居住する不特定多数の者」とは、具体的には被差別部落出身者のことであるが、被差別部落出身者ということで特定されているといえるのなら、韓国・朝鮮人や中国人という場合も特定されうるといえる。

　解消法が成立したことを受けて、法務局もまた他の政府機関と同様に、不当な差別的言動の解消に向けた取組みに関する施策を実施する責務を負う（4条1項）。そのため、法務局は今後、特定個人ではない人種・民族に向けられている差別的書き込み、動画について、積極的に対応することが求められる。また、地方公共団体の対応も重要である（4条2項）。

［殷勇基］

Q10 人種差別的な書籍の出版は解消法の対象となるのか？

　人種差別的な内容を含む出版物のうち、特定の被害者に対する名誉毀損や侮辱、信用毀損などが成立する事案については、被害者は裁判所に仮処分や訴訟の申立てをすることができる。例えばAさんについて、「Aは○○人だからゴキブリだ」などとする出版物の事案である。出版前には出版の差止めや問題部分の削除を求めることができる。出版後は出版物の回収や金銭的な損害賠償、謝罪広告の掲載などを求めることができる。また、このような出版物については名誉毀損罪、信用毀損罪等、刑事処罰の対象ともなる。

　問題は、不特定の者に対する人種差別的な内容の出版物の場合である。従来は、民事でも刑事でも、被害者が特定されていない場合には法的規制はできないとの理解が一般だったからである。「○○人は死ね」「○○人はゴキブリ」などの内容の出版物の場合であり、この場合、ヘイトの対象は不特定の人種・民族だと理解されてきた。

　この点、横浜地裁川崎支部2016年６月２日決定は、ヘイトデモの禁止に関するものであるが、従来の理解でいうと不特定の人種・民族に向けられたとされるヘイトデモについて、禁止の仮処分を認めた。仮処分の申立人である社会福祉法人について、「民族差別解消・撤廃のために実績を積み上げ、社会的な評価としての名誉、信用を獲得してきたもの」としたうえで、ヘイトデモが、申立人である法人の「目的や理念及びこれまでの活動内容を真っ向から否定するものであり、債権者〔筆者注：申立人〕が存立する基盤を揺るがすとすらいえるものである」と認定して、法人の事務所から半径500メートル以内でのデモを禁止した。この事案では、禁止を申し立てられたデモで実行が予想されたヘイトの内容は、この法人に対する誹謗中傷というよりは、コリアンという人種・民族を誹謗する内容であった。被害者が特定されていることを要するという枠組みは崩していないが、実際にはその特定の度合いを相当、緩和したものといえる。

人種差別的な出版物についても、例えば在日コリアンの民族団体が申立人となった場合には、この川崎支部決定と同様に理解する余地があるだろう。このような理解は解消法の趣旨にも適うものである。

　「部落地名総鑑」と呼ばれる、全国の被差別部落の地名を一覧化した書籍の差止めについても、被害者の特定の度合いが緩和されているといえる。被差別部落の所在地や世帯数を記した戦前の調査報告書「全国部落調査」を書籍として復刻出版する計画について、横浜地裁は、出版・販売等を禁止する仮処分決定を出した（2016年3月28日）。法人としての部落解放同盟と、解放同盟の幹部ら5名の申立てを認めたものであるが、解放同盟や5名とは直接の関係がないとも思われる記載も含めて書籍全体の出版を禁止した。同地裁相模原支部も、ウェブサイトに都道府県ごとの部落所在地や現在地などの一覧表を掲載した者に対し、記事の削除を命じ、出版物や別のウェブサイトへの転載を禁じる仮処分を出した（2016年4月18日）。被差別部落出身者が就職・結婚などに際して不当な差別を受ける危険性が高く、プライバシー権を侵害するものだという、部落解放同盟側の申立てを認めた。

　1975年に発覚した部落地名総鑑事件では、法務省の人権擁護機関が人権侵犯事件として調査して回収を指導した。ここでは、被害者が不特定の者であっても回収を指導することに問題がないとの扱いがされたといえる。

　被差別部落出身者が「不特定の者」であるか、それともこの程度でも「特定されている者」であるのか、という問題はあるとしても、回収指導等の対応ができているのであるから、そうだとすると、人種差別的な書籍の出版についても、部落差別的な書籍と同様の対応は可能であるというべきである。

　さらに、裁判所が人種差別的な出版物の出版禁止や回収などの仮処分を行う際や、訴訟の申立てを受けたときにも、特定・不特定に関する上記の議論を参照することができるし、参照すべきである。

　他方、出版の自由の観点から、本来、出版業界の自主規制が望ましく、解消法3条も国民に「不当な差別的言動のない社会の実現に寄与する」努力を求めており、出版社や業界は、人種差別的な書籍を出版しないことを規定した自主的な憲章・協定等の作成を検討すべきである。

［殷勇基］

Q11 不当な差別的言動を受けた場合、民事上の損害賠償請求ができるのか？

　解消法に違反する差別的言動により有形・無形の被害を被った個人や団体（法人など）は、差別的言動を行った個人や団体に対して、民事上の損害賠償を請求することが可能である。

　不当な差別的言動によって、業務を妨害される、平穏な生活を害される、名誉を毀損されるなどの損害を被った個人や団体が、不法行為による損害賠償請求を行い、民事裁判手続きを通じて被害を回復することは、解消法成立以前から認められていた。例えば、2009年12月から2010年3月にかけて3回にわたって京都朝鮮第一初級学校に対する人種差別的街宣活動が行われた事案（「京都朝鮮学校襲撃事件」）において、京都地裁2013年10月7日判決と大阪高裁2014年7月8日判決は、いずれも、人種差別的街宣活動やその様子を撮影した映像をインターネット上で公開するなどの差別的言動を行った個人・団体らに対し、不法行為責任が成立するものとして、損害賠償の支払いを命じる判決を下している。また、これらの判決では、不法行為が人種差別撤廃条約において禁止されている人種差別にあたる場合や、不法行為の動機が人種差別にある場合には、「当該行為の悪質性を基礎付けることになり、理不尽、不条理な不法行為による被害感情、精神的苦痛などの無形損害の大きさという観点から当然に考慮されるべき」（大阪高裁）という判断枠組みが示され、実際に人種差別撤廃条約上の「人種差別」に該当する差別的街宣活動等を行った点を考慮して、加害者らに対して高額の損害賠償が認められている（これらの判断は2014年12月9日付けで最高裁判決でも是認され、確定した）。

　解消法2条で定義される「本邦外出身者に対する不当な差別的言動」は、人種差別撤廃条約1条において定義されている「人種差別」に包含される概念である。そのため、「本邦外出身者に対する不当な差別的言動」によって有形・無形の被害を受けた個人や団体は、京都朝鮮学校襲撃事件において裁判所が示した判断枠組みのとおり、加害者に対して、不法行為責任を追及し、高額

の損害賠償を請求することが可能であると考えられる。

　加えて、解消法は、「本邦外出身者に対する不当な差別的言動」について、「あってはならず」（前文）、「許されないことを宣言する」（前文）、「解消が喫緊の課題」（1条）など、およそ法的保護に値しないものであることを明らかにするとともに、「不当な差別的言動」により、本邦外出身者が「多大な苦痛を強いられる」（前文）ことを認めた。これにより、今後は、民法の不法行為等の解釈においても、解消法で明文化された上記のような「公知の事実」や「経験則」を踏まえた解釈が可能になるものと思われる。

　例えば、従前、「○○人はゴキブリだ」などの特定の性質を有する集団（人種・民族など）に向けられた差別的言動については、当該集団に属する個人に対する影響や権利侵害の程度等の立証が難しいというハードルがあり、当該個人が民事裁判を通じた救済を受けることの困難性が指摘されていた。しかしながら、解消法2条は、規制対象とする「本邦外出身者に対する不当な差別的言動」について、「本邦の域外にある国又は地域の出身であることを理由として、本邦外出身者を地域社会から排除することを煽動する不当な差別的言動」と定義し、個人に対するものに限らず、集団に向けられたものもこれに含まれるものとした。このような解消法の制定により、「本邦外出身者に対する不当な差別的言動」に該当する行為については、仮に集団に向けてなされたものであったとしても、類型的に当該集団に属する本邦外出身者に多大な苦痛を与えるという「公知の事実」や「経験則」があることを前提として、①本邦外出身者に対する不当な差別的言動に該当する行為がなされたことと、②当該被害者が差別対象とされた集団に属する自然人や法人であることの2点さえ立証されれば、特段の事情がない限り、当該被害者の人格権（差別・排除されない権利、平穏に生活する権利等）・営業権・名誉権などの権利が侵害されたものと推認し、不法行為が成立するとの解釈をとる等により、裁判所において、差別被害者の事実上の主張・立証の負担を軽減し、被害救済を図ることも可能となるように思われる。この点、2016年6月2日付けで横浜地裁川崎支部が下した、川崎市桜本地域におけるヘイトデモの禁止を命じる仮処分決定においても、同旨の解釈論が採用されており（☞**Q12**）、解消法の成立を契機として、民事裁判を通じた「本邦外出身者に対する不当な差別的言動」に対する被害救済が促進されることが期待される。

〔金哲敏〕

Q12 不当な差別的言動が繰り返された場合、裁判所に差止めを求めることができるのか?

　不当な差別的言動の被害者は、人種差別的な個人・団体が不当な差別的言動を繰り返す場合に、民事訴訟（差止め訴訟）や仮処分（街宣活動禁止の仮処分）の手続きを通じて、不当な差別的言動の差止めを求めることが可能である。

　このような差止め訴訟や街宣活動禁止の仮処分では、被害者が個人の場合には人格権（平穏に生活を営む権利・名誉権等）、被害者が団体の場合には営業権または人格権（平穏に営業を営む権利・名誉権等）について、現に侵害されているか、将来侵害されるおそれがあることを、被害者側で具体的に主張・立証する必要がある。また、仮処分による場合には、街宣活動によって被害者の平穏な生活・名誉・業務等を妨害する行為が継続し、または継続するおそれがあることを立証（疎明）する必要がある。

　不当な差別的言動による街宣活動について差止め請求が認められた事例としては、①京都朝鮮学校襲撃事件における第3回目の街宣活動に先立って発令された、同校の北門中心点から半径200メートルの範囲での示威活動等を禁止する仮処分決定（京都地裁2010年3月24日）、②川崎市桜本地域において開催が予告されていたヘイトデモについて、同地域内において民族差別解消・撤廃のための活動等を続けてきた社会福祉法人の事務所入口から半径500メートルの範囲での不当な差別的言動による業務妨害行為を禁止する仮処分決定（横浜地裁川崎支部2016年6月2日）がある。

　特に、②（解消法制定後、施行前に下された決定）においては、解消法を踏まえた、次のような判断が示されている。

　本邦外出身者が、「専ら本邦の域外にある国又は地域の出身であることを理由として差別され、本邦の地域社会から排除されることのない権利は、本邦の地域社会内の生活の基盤である住居において平穏に生活し、人格を形成しつつ、自由に活動し、名誉、信用を獲得し、これを保持するのに必要となる基礎を成すものであり、上記の人格権を享有するための前提になるものとし

て、強く保護されるべきである。

　殊に、我が国が批准する人種差別撤廃条約の前記の各規定及び憲法14条が人種などによる差別を禁止していること、さらに近年の社会情勢の必要に応じて差別的言動解消法が制定され、施行を迎えることに鑑みると、その保護は極めて重要であるというべきである。

　また、本邦外出身者が抱く自らの民族や出身国・地域に係る感情、心情や信念は、それらの者の人格形成の礎を成し、個人の尊厳の最も根源的なものとなるのであって、本邦における他の者もこれを違法に侵害してはならず、相互にこれを尊重すべきものであると考える。

　そこで、専ら本邦外出身者に対する差別的意識を助長し又は誘発する目的で、公然とその生命、身体、自由、名誉若しくは財産に危害を加える旨を告知し、又は本邦外出身者の名誉を毀損し、若しくは著しく侮辱するなどして、本邦の域外にある国又は地域の出身であることを理由に本邦外出身者を地域社会から排除することを煽動する、差別的言動解消法2条に該当する差別的言動は、上記の住居において平穏に生活する人格権に対する違法な侵害行為に当たるものとして不法行為を構成すると解される」。

　「しかるところ、その被侵害利益である人格権は、憲法及び法律によって保障されて保護される強固な権利であり、他方、その侵害行為である差別的言動は、上記のとおり、故意又は重大な過失によって人格権を侵害するものであり、(中略) 行為の態様も併せて考慮すれば、その違法性は顕著であるといえるものであり、もはや憲法の定める集会や表現の自由の保障の範囲外であることは明らかであって、私法上の権利の濫用といえるものである」。

　裁判所のこのような判断については、解消法が、「不当な差別的言動」によって本邦外出身者が多大な苦痛を強いられることを認め、このような言動が法的保護に値しない、およそ「許されない」ものであることを宣言していることを斟酌し、これを「公知の事実」や「経験則」として民法解釈に取り込んだものと評価される。今後も、「本邦外出身者に対する不当な差別的言動」による不法行為については、仮に集団に向けられた形で行われたものであっても、類型的に本邦外出身者に多大な苦痛を与える、違法性の強い行為であることを踏まえた、当該集団に属する被害者の主張・立証の負担を緩和する方向での民法の解釈がなされることが期待される。

〔金哲敏〕

Q13 不当な差別的言動がなされた場合、解消法によって刑事罰が科せられることはあるのか？

　解消法は「不当な差別的言動」が行われた場合に何ら制裁を設けておらず、刑事罰を科するものではない。

　人種差別撤廃条約４条(a)(b)および自由権規約20条の規定では、一定のヘイトスピーチについて刑事罰を規定することが要請されている（なお、日本政府は、人種差別撤廃条約４条(a)(b)については留保を付している。☞**Q2**）。この点、2014年に人種差別撤廃委員会が日本政府に対して出した総括所見では、４条(a)(b)の留保の撤回と、４条に準拠したヘイトスピーチの法規制（特に刑法の改正）を行う旨が勧告されており、欧州では一定のヘイトスピーチについて刑事罰を科す国も多いが、日本では刑事罰を規定することが表現の自由に萎縮効果をもたらす等の意見も強く、解消法には刑事罰を科する規定は設けられなかった（刑事罰の要否については今後も議論が必要になろう）。

　ただし、「不当な差別的言動」はそれ自体が現行法上犯罪となる場合や、現行法上犯罪となる行為と相まって行われる場合があり、こうした場合については現行法に基づき刑事罰が科されうる。例えば、2009年に発生した京都朝鮮学校襲撃事件においては、「不当な差別的言動」が現行法上の業務妨害罪や侮辱罪に該当する場合であったといえる。また、2010年に発生した徳島県教組業務妨害事件についても、「不当な差別的言動」が業務妨害や建造物侵入と相まって行われたといえる。また、2016年7月には、福岡県において、在日コリアンを中傷する内容のビラを貼るために商業施設に侵入した者が建造物侵入罪で起訴された旨が報道されている（朝日新聞2016年7月23日）。

　警察庁が解消法の施行日（2016年6月3日）に各都道府県警察に宛てて出した通達「本邦外出身者に対する不当な差別的言動の解消に向けた取組の推進に関する法律の施行について」（本書101頁）の中には、「いわゆるヘイトスピーチといわれる言動やこれに伴う活動について違法行為を認知した際には厳正に対処するなどにより、不当な差別的言動の解消に向けた取組に寄与さ

れたい」との文言が入っている。

「不当な差別的言動」が現行法上犯罪となる場合や、現行法上犯罪となる行為と相まって行われる場合に既存の法令をより積極的に適用するという警察庁の通達は、人種差別撤廃委員会の勧告（具体的には、2014年の総括所見11項(c)において、「そのような行動〔筆者注：ヘイトスピーチ・ヘイトクライム〕について責任ある個人や団体を捜査し、必要な場合には、起訴すること」とされている）にも合致するものである。

上述の2016年7月の福岡地検の対応は、現行法上の犯罪が不当な差別的言動と相まって行われた場合については、差別的言動がない場合には起訴猶予となりうる事案についても、積極的に起訴をするという姿勢を示したものと考えられるが、こうした対応も人種差別撤廃委員会の上記総括所見11項(c)および解消法の趣旨を考慮したものとして評価することができる。ただし、今後は、現行法の濫用がないよう市民が監視することも重要になるだろう。

なお、欧米では、差別的動機でなされる犯罪行為（ヘイトクライム）については、被害者に与える打撃が大きく、社会的にも差別・暴力を拡大するので、差別的な動機がない場合の犯罪と比べて重い処罰を科す旨、法律上規定されていることが多い。しかし、日本においては、上述の京都朝鮮学校襲撃事件や、徳島県教組業務妨害事件においても、加害者は差別的動機がない場合と同程度の量刑の判決を受けるにとどまっており、差別的動機が量刑において考慮されていない。今後は、日本においても、ヘイトクライムに対して刑罰の加重規定を設けることについての議論を進めるとともに、法律が制定されるまでの間は、差別的動機に基づいて行われた犯罪については、求刑や判決における量刑を重くするといった実務上の運用が求められる（なお、現行法上もかかる運用は可能であることは、日本政府が人種差別撤廃委員会における審査に際して提出した報告書〔2013年〕においても明記されている）。　〔金昌浩〕

Q14 政治家や行政機関等の職員が不当な差別的言動をした場合も、解消法が適用されるのか？

　人種差別撤廃条約4条(c)は「国又は地方の公の当局又は機関が人種差別を助長し又は扇動することを認めないこと」を定めており、日本はこの条項を実施する義務がある。また、人種差別撤廃委員会の「一般的勧告35」では公人によるヘイトスピーチについて特に懸念しており、職務から解くことなどの懲戒的な措置や被害者への効果的な救済をすべきとしている（22項）。2014年の日本への勧告でも、公人および政治家に対して「適切な制裁措置をとることを追求する」よう求められた（11項(d)）。

　この点、解消法では、政治家や行政機関等の職員を対象とする規定はなく、3条で、国民に不当な差別的言動のない社会の実現に向けて努力するように定めている。この「国民」には、政治家や行政機関等の職員も含まれていることはもちろんのこと、その地位の特殊性や上記の条約や勧告の目的からすると、一般人以上に努力が必要である。

　公務員については、内閣総理大臣、国務大臣、国会議員、首長、地方議員などの特別職公務員とそれ以外の一般職公務員とに分けられる。

(1) 一般職公務員の場合

　まず一般職公務員については、職務を遂行するにあたっては法令の定める規定に従わなければならず（国家公務員法96条、地方公務員法32条等）、当該公務員が職務を行う際に不当な差別的言動を行った場合には法令遵守義務違反となりうる。また、職務の遂行に関係なくなされた差別的言動であっても、その差別的言動が公務員の地位に対する信用を傷つけ、公務員の地位全体の不名誉となる行為に該当するのであれば、信用失墜行為の禁止に違反するといえる（国家公務員法99条、地方公務員法33条）。

　そして、以上のような不当な差別的言動を行ったと認められた場合、当該公務員は、懲戒処分として、戒告、減給、停職また免職の処分を受けることに

なる(国家公務員法82条、地方公務員法29条1項)。また、法的な懲戒処分にはあたらないが、行政庁内部における事実上の処分として訓告処分がなされる可能性もある。

(2) 特別職公務員の場合

次に特別職公務員については、国家公務員法や地方公務員法が適用されず、その職種により適用される法律や規程が異なる。

地方議員については地方自治法が適用される。地方自治法132条では、議員の言論に対する品格の保持を規定している。したがって、地方議員が会議や委員会において不当な差別的言動を行った場合には、「無礼の言葉を使用」にあたることから許されない。また、同言動が特定の議員に対する「侮辱」行為にあたる場合には、侮辱を受けた被害者議員は議会に訴えて処分を求めることができる(同法133条)。

その場合、議会の議決により、差別的言動を行った議員に対して懲罰を科することができる(同法134条)。懲罰の種類は、①公開議場における戒告、②公開議場における陳謝、③一定期間の出席停止、④除名の4つである。なお、除名が認められるためには、3分の2以上の出席議員による4分の3以上の同意が必要であることからハードルが高い。

なお、一般人が懲罰を求めることはできず、①議員の定数の8分の1以上による発議、②侮辱に対する被害者議員本人の動議、③議長の職権による動議が必要である。また、懲罰動議の提出については、その言動があってから3日以内にしなければ時効によって無効となる。

国会議員の場合は、憲法上免責特権が認められており(憲法51条)、議院で行った表現については刑事上、民事上の責任を問われず、地方議員と比べて表現の自由がより保障されている。

しかしながら、議員が会議中に不当な差別的言動により議場の秩序を乱したり、あるいは議院の品位を傷つけるときは、議長は発言を取り消させることができる。議長の命に従わないときは、議長は、当日の会議を終えるまで、または議事が翌日に継続した場合はその議事を終えるまで発言を禁止し、または議場の外に退去させることができる(国会法116条、衆議院規則238条、参議院規則51条、235条)。

また、本会議においてそのような発言がなされた場合、議長は、休憩・散会・延会をしたり、発言した議員を退場させることができる(衆議院規則233条、参議院規則232条)。委員会においてなされた場合、委員長は、これを議長に報告し処分を求めなければならない(国会法121条)。その他の議院内部においてなされた場合は、議長はこれを懲罰委員会に付するとしている(衆議院規則234条、参議院規則234条)。したがって、議院内部においてなされた不当な差別的言動は、いずれも懲罰の対象となる。

懲罰の種類は、地方議員と同様に、①公開議場における戒告、②公開議場における陳謝、③一定期間の登院停止、④除名の４つである。なお、除名が認められるためには、出席議員の３分の２以上の多数による議決が必要である(憲法58条)。懲罰の動議については、(1)参議院においては20人以上、衆議院においては40人以上の賛成による発議、(2)議長による付託のいずれかによることが必要である。また、懲罰動議の提出については、地方議会と同様、その言動があってから３日以内にすることが必要である(国会法121条)。

以上のように、既存の法律においても、政治家や行政職員の差別的言動については懲戒ないし懲罰の対象となるが、解消法の目的を達成するために、より踏み込んで、明確に不当な差別的言動を禁ずる規程が必要であろう。

なお、地方公共団体の首長については直接の懲戒規定がないのが問題であり、少なくとも解消法の理念に基づく倫理規定を設けるべきであろう。

⑶　公人に準ずる者の場合

また近時、公人にはあたらないが、都知事選などの候補者など公人に準ずる立場の者による選挙活動の形をとったヘイトスピーチが、公然と行われる事態となっている。この点、国や選挙管理委員会などが、候補者に対して、その演説内容についての規制をすることはできないが(公職選挙法226条)、国はヘイトスピーチを批判する啓発を行うべきである(☞**Q22**)。

[宋惠燕]

Q15 解消法は国民に差別解消のための努力義務を課しているが、企業には何が求められるのか？

　企業には、職場における人種・国籍や民族的出身に基づく不利益取扱いや差別的言動（レイシャル・ハラスメント）をなくすため、基本的な人権方針や倫理綱領に明示すること等の措置を講ずることが求められる。

　解消法は、個人や企業に対して直ちに具体的な義務を課すものではない。しかし、職場が社会生活の重要な基盤の一つであることに鑑みると、企業においても、人種・国籍や民族的出身にかかわらず尊重される職場を実現するよう努力することが求められる。このことは、企業の社会的責任（CSR）の観点からも要請される。

　男女雇用機会均等法は、職場におけるセクシュアル・ハラスメントについて、雇用管理上必要な措置を講ずることを事業主に義務づけており、厚生労働大臣の指針においてその具体的な措置を定めている。これに準じ、厚労省は、人種・国籍や民族的出身に基づく不利益取扱いや差別的言動（レイシャル・ハラスメント）についても、指針を出すなどして、企業に対し例えば次のような措置を講ずることを促すことが望ましい。

① コンプライアンス・ポリシー等の一環として、人種・国籍や民族的出身にかかわらず尊重されるべきことを宣言すること
② 就業規則等において、レイシャル・ハラスメントを明確に禁止するとともに、違反した場合は懲戒処分の対象となりうる旨を定め、従業員に対し周知すること
③ 上記のポリシーやレイシャル・ハラスメントの禁止について、従業員に周知徹底するための研修を行うこと
④ レイシャル・ハラスメントについての相談窓口を設け、対応体制を整備すること
⑤ 就業規則等に反してレイシャル・ハラスメントがなされた場合は、事実関係を速やかに確認のうえ、必要に応じ、被害者への対応、行為者に対す

る懲戒処分を含む適正な措置、再発防止のための対策等を講ずること
⑥　レイシャル・ハラスメントについて相談したことや事実関係の確認に協力したこと等を理由として不利益な取扱いを行うことを禁止し、従業員に対し周知徹底すること

　現実に、企業にレイシャル・ハラスメントに対する措置を講ずることを求める必要性があることを示す事件が起きている。東証1部上場の不動産会社であるフジ住宅株式会社において、業務とまったく関連のない、韓国・朝鮮人や中国人に対するヘイトスピーチを含む文書等が日常的に社員に配布され、精神的苦痛を受けたとして、在日コリアン三世である同社のパート社員が、2015年8月、同社および会長に対し損害賠償を求める訴訟を提起した（本書執筆時、大阪地裁堺支部に係属中）。職場におけるレイシャル・ハラスメントに対応するどころか、企業の代表者が率先して差別的表現を社内に繰り返し流布させたという極端なケースである。このような行為が解消法3条の基本理念に真っ向から反することはいうまでもない。また、特定の個人をターゲットとしたものではなくても、不当な差別的言動により従業員の人間としての尊厳を傷つけ、就業環境を害したと認められれば、当該行為者について不法行為責任が成立しうる。さらに企業についても、使用者責任のほか、労働契約上の職場環境配慮義務違反による債務不履行責任や不法行為責任を問われる場合があると考えられる。

　上場企業の企業統治の指針であるコーポレートガバナンス・コードは、社内に異なる経験や属性を反映した多様な視点・価値観が存在することが企業の持続的な成長に資するとの観点より、社内の多様性（ダイバーシティ）の確保を推進すべきことを原則の一つとして掲げている。セクシュアル・ハラスメント等とともにレイシャル・ハラスメントに対しても厳しく対応する姿勢を明確にすることは、ダイバーシティの積極的な推進と両輪をなすべきものである。

　特に海外展開している企業においては、人種等に基づく差別を禁ずる現地の法令に対応し、レイシャル・ハラスメント対策のための措置を講じた経験がある企業は少なくないはずである。日本でも解消法の成立を受け、企業には率先してこのような取組みを行うことを期待したい。

［藤本美枝］

Q16 ヘイトスピーチに対するカウンター行動は、解消法ではどう位置づけられるのか?

 解消法では、国民に対してヘイトスピーチのない社会の実現への寄与を求めており、カウンター行動に参加することはこうした点に適うものだといえる。また実際、カウンター参加者に対する警察の対応も、法律の施行前後で大きく変化している。

 解消法3条には、「国民は、本邦外出身者に対する不当な差別的言動の解消の必要性に対する理解を深めるとともに、本邦外出身者に対する不当な差別的言動のない社会の実現に寄与するよう努めなければならない」と書かれている。これは悪くとれば「何人も〜してはならない」という禁止規定を入れる代わりに国民の「理解」や「寄与」という言葉で「お茶を濁した」ともいえるが、むしろここで重要なのは、この条文によってヘイトスピーチに対するカウンター行動が「不当な差別的言動のない社会の実現に寄与する」ものとして位置づけられるようになることである。

 日本でヘイトスピーチ(とは当時はまだ呼ばれていなかったが)が問題になり始めたのは2009年頃からだが、ヘイトスピーチに対するカウンター行動はその当時からすでに小規模ながら行われていた。そしてこうした動きは2013年2月以降拡大し、それまで運動にかかわったことのない多くの人々の参加を得て、社会的にも一定の存在感を示すようになっていく。なお付け加えれば、今回施行された解消法自体も、こうした流れの中で生まれた部分が大きい。この法律は2015年に民主党(現民進党)を中心として提出された「人種等を理由とする差別の撤廃のための施策の推進に関する法律案」への与党からの「対案」として出されたものだが、さらにその背景には、2013年以降のカウンター行動の拡大の中で何度も国会内で集会が行われ、それを通じて国会議員やメディアに問題意識が浸透していく過程があった。

 しかし警察は、こうしたカウンター行動に対し、よくて「喧嘩両成敗」、場合によってはカウンター側により強硬に対応してきた。例えば2013年6月の

Q16

　東京・新大久保でのヘイトデモおよびそれに対するカウンターの際には、カウンター行動の拡大以降初めて逮捕者が出ているが、その際の逮捕者はまるで申し合わせたかのようにデモ側・カウンター側同数（どちらも4名）であった。またデモの警備においても、警察官は基本的にデモ側ではなくそれを批判するカウンター側を向いており、その光景はさながら「ヘイトデモを守っている」かのように見えるものであった（この問題は、2014年8月の人種差別撤廃委員会の審査においても指摘された）。さらに、すでに野党案の審議に入っていた2016年3月の東京・新宿でのヘイトデモの際には、カウンター参加者がデモの進路となる道路に座り込む「シットイン」を展開したが、これに対して一部の警察官がカウンター参加者の女性の首に手をかけるなど暴力的な「排除」を行った（この問題は参議院法務委員会でも取り上げられ、国家公安委員会委員長が謝罪する事態となった）。

　しかし解消法の施行およびそれに合わせた警察庁からの通達（本書101頁）により、こうした警察の対応にはかなりの変化が見られた。例えば、それまでカウンター側を向いていた警察の警備は、与党案の審議に入った頃からデモ側・カウンター側を交互に向く形になり、さらに法律の施行後は基本的にデモ側を向いた警備が行われるようになった（当然だが、デモ側を向かなければ「デモ中の違法行為を取り締まる」こともできない）。またカウンター参加者に対して命令口調ではなく「ですます」で接したり、信号などでの無理な制止をあまり行わなくなったりしたのも重要な変化である。さらに法律が施行された直後の6月5日に川崎で行われたデモでは、やはりカウンター参加者による「シットイン」が行われたが、この際にも警察は強引な排除を一切行わず、逆にデモ主催者に対して状況を説明して説得を行うという姿勢を見せた。

　このように、カウンター参加者に対する警察の対応は、法律の施行前後で大きく変化したことの一つである。ヘイトスピーチに対する適切な対応という点では、そもそもヘイト側とカウンター側を「両成敗」にしたり、カウンター側に対してより強硬に対応したりということ自体おかしな話であるが、今回の法律の施行を経て、こうした事態についてはようやく最低限の正常化が行われたといえるだろう。

〔明戸隆浩〕

地方公共団体は解消法によって何が求められるのか？

(1) 単なる努力規定ではない

　解消法は、国に対しては差別的な言動の解消に向けた取組みに関する施策などのを講ずる「責務を有する」としているが(4条1項)、地方公共団体に対しては「当該地域の実情に応じた施策を講ずるよう努めるものとする」としているので(4条2項)、「努める」だけで足りるようにも読める。

　しかし他方で、衆参両院の附帯決議2項では、「本邦外出身者に対する不当な差別的言動が地域社会に深刻な亀裂を生じさせている地方公共団体」には「国とともに、……施策を着実に実施すること」（衆院。参院も同旨）が求められた。「地域社会に深刻な亀裂を生じさせている地方公共団体」とは、解消法が成立する契機となったヘイトデモ・街宣が行われた地域を含むことは明らかである。すでに施行前の2016年5月30日、川崎市長は、解消法のみならず附帯決議の精神に則ると明言し、6月5日に計画されていた差別目的の集会会場に使われようとしていた市の公園の利用申請に対し、不許可処分を行っている。

　それ以外でも、インターネット上のヘイトスピーチが地域に深刻な悪影響をもたらしていることに留意すべきである。例えば東日本大震災の際には中国人窃盗団のデマが、熊本大震災の際には朝鮮人が井戸に毒を投げたとのデマがツイッターで出回った。東日本大震災の際はそのデマを信じて自警団を作って見回りを行った人たちもおり、仮に在日外国人に出くわしていたらヘイトクライムが生じていたおそれが高い。また、インターネット上で、ある地区はマイノリティの集住地域だとの投稿が絶えず、差別を拡大させ、地域社会に深刻な亀裂を生じさせている。このようなインターネット上のヘイトスピーチの蔓延状況およびマイノリティが居住していない地域はほとんどないことを考えると、地方公共団体の多くは、国と同様に取り組む責務を負っているといえる。

⑵　求められる具体的な施策

　地方公共団体の行うべき取組みや施策については、新たな条例を作るよう明文上求められているわけではない。しかし、解消法は、ヘイトスピーチを「多大な苦痛を強いられる」「地域社会に深刻な亀裂を生じさせている」として「許されない」「喫緊の課題」としつつも、具体的な抑止策を定めず、解消のための実効性ある施策を地方公共団体に期待したものとなっている。実際に被害当事者が生活し、亀裂が生じる現場となっている地方公共団体において解消のための実効性ある施策を講じるには、根拠となる新たな条例が制定されるべきである。ヘイトスピーチを含む差別を「解消」するには目の前の差別の抑止、被害者の救済とともに、腰を据えて構造的差別と取り組むことが必要である。

　そのためには、人種差別撤廃委員会の「一般的勧告35」が総括しているように、「人種主義的ヘイトスピーチと闘う法律および政策を推し進めるために、目標と監視手続きを設置することがたいへん重要である」(47項)。よって、差別撤廃という目標に向け、緊急策のみならず、条例というある程度継続的な法的根拠を整備すべきだろう。また、条例制定により予算措置を安定的に確保することができる。さらに、抑止策をとる場合には常にその濫用防止策も考慮する必要があり、そのためにも明確な基準、体制を整える条例が適切である。

　ただし、条例を整備するには通常ある程度の時間がかかる。緊急の対応が必要な場合には、条約および解消法などを解釈指針として既存の条例の運用で対応することとなるだろう。その場合でも、条約および解消法などに照らし、早急に既存の条例のガイドラインを制定するなど、その判断基準を明確にすることは、反差別を社会の標準としていくためにも、濫用を防ぐためにも重要である。

　差別撤廃に向けて、人種差別撤廃条約などの国際人権基準に照らしてこれまでの条例・施策などを洗い直し、当面、差別撤廃に活用できるものは活用しつつ、条例を整備することが適切であろう。

［師岡康子］

Q18 地方公共団体はどのような条例を作ればよいのか？

(1) 大阪市条例モデル

条例の当面のモデルとなるのが、解消法より前の2016年1月15日に成立し、7月1日に完全施行された「大阪市ヘイトスピーチへの対処に関する条例」である。同条例はヘイトスピーチの定義を下記の(1)(2)(3)の要件を満たす表現活動と定めた（2条1項）。

(1) 目的：①人種もしくは民族に係る特定の属性を有する個人または集団の社会からの排除、または②権利や自由の制限、あるいは③上記個人または集団に対する憎悪もしくは差別の意識または暴力を煽ること、のいずれか
(2) 内容・態様：①侮蔑や誹謗中傷、②脅威を感じさせるもの、のいずれか
(3) 公然と行われること

これらの表現活動には、デモや街宣だけでなく、印刷物やDVD、さらにインターネット上の投稿も含む（2条2項）。

市長は、市内で行われたり、市民に関する表現活動などについて、ヘイトスピーチにあたると認定したときは、拡散防止措置をとり、かつ、その措置、ヘイトスピーチの概要および行為者の氏名を公表するものとしている（5条）。その認定にあたっては、諮問機関として市長附属の専門家による審査会を設置している（7条）。審査会での調査審議手続きとして、原則として、申請した市民と表現活動を行った者双方の意見を聴くこととされている（9条）。

この条例は、解消法と比べて、「人種若しくは民族」を理由としており、人種差別撤廃条約の定義に近く、3つの要件に分けられた定義内容もわかりやすい。また、ヘイトスピーチに対し、市が認定し、拡散防止措置をとり、公表するという具体的な措置が定められている。何がヘイトスピーチなのか認定され、公表されることにより社会的な共通認識が作られ、抑止効果が期待できる。

また、その認定手続きも、行政機関そのものではなく専門家による審査会

を設置し、かつ、両当事者の意見を聴く手続きを設けたことにより、表現の自由の侵害にならないよう、公正さを担保する考慮がされている。

ただ、解消法成立前に作られたこともあり、事後的、啓発的な方法にとどまっており、ヘイトスピーチを行ったと認定された表現者が再度同様のヘイトスピーチを繰り返した場合に対して何らの措置も定められていない。また、公共施設の利用制限について組み入れられなかった点は検討を要する（☞**Q19**）。

⑵　人種差別撤廃基本条例モデル

他方、解消法は施策として4条2項で、地方公共団体に対し、「地域の実情に応じた施策を講ずる」こと、基本的施策として5条で相談体制の整備、6条で教育活動の実施、7条で啓発活動の実施を求めている。また、附則2項は「不当な差別的言動の実態等を勘案」し、衆院附帯決議4項は「不当な差別的言動のほか、不当な差別的取扱いの実態の把握に努め」るとあり、地方公共団体による差別の実態調査を求めていると解される。衆参両院の附帯決議3項によりインターネット対策も責務となった。

また、保護対象としては、衆参両院の附帯決議1項では憲法および人種差別撤廃条約の精神に照らし、「本邦外出身者」以外に対するヘイトスピーチも許されず、「適切に対処すること」とあり、インターネット対策を求める両院の附帯決議3項でも「本邦外出身者等に対する」とされたこと、ヘイトスピーチが「難民申請者、オーバーステイ、アイヌ民族に対するものなど多岐にわたっている」と指摘した参議院法務委員会決議と併せ考えると、解消法2条に明記されている保護の対象に限定せず、条約1条の定める「人種、皮膚の色、世系、民族的及び種族的出身」を理由とするすべてのヘイトスピーチに対処する条例を整備することが適切であろう。

もとより条約が求めているヘイトスピーチを含むあらゆる差別を「禁止し、終了させる」ことを含めた包括的な法整備義務（☞**Q1、Q2**）は、国だけでなく地方公共団体も負っている。

以上から、「差別的言動のない社会」（3条）を実現するために、直接的なヘイトスピーチ抑止策だけでなく、住民である差別被害者の平穏な生活と人間の尊厳を守るための、総合的な施策を責務とする人種差別撤廃基本条例の制

定が望ましい。

　基本条例では、①行政内の担当部署、②差別撤廃のための独立の専門機関、③被害当事者の意見を聴取する制度などの組織的な整備を行い、公務員によるヘイトスピーチの禁止、公務員に対する人種差別撤廃教育、公務職場におけるレイシャル・ハラスメントの禁止規定、差別目的の公共施設の利用制限など、行政が自らを正し、差別に加担せず、差別撤廃の担い手となるような施策が求められる。

　施策の内容としては、解消法の条文が例示したものにとどまらず、差別禁止条項および違反した場合の措置、定期的な差別被害の調査、被害者救済手続きの整備、インターネット上の差別対策、マイノリティの歴史・文化教育を含む総合的な差別撤廃教育、マイノリティのアイデンティティを尊重する施策、多民族・多文化交流支援、さらには差別被害者の深刻な心の傷へのケアなどが盛り込まれるべきだろう。

　このような基本条例を整備し、行政が総合的に差別撤廃に取り組む施策を進めることは、ヘイトスピーチ規制を反差別法の中に枠づけることになり、濫用を防止するためにも望ましい。

　なお、条例作りにあたっては、野党法案のほか、外国人人権法連絡会作成の「人種差別撤廃基本法案」（同会ウェブサイト参照）および2016年10月発表予定の自治労自治研による人種差別撤廃条例案も参考になるだろう。

⑶　人権条例モデル

　「人権尊重の社会づくり条例」などのいわゆる人権条例が制定されている自治体については、人権条例の実効化もしくは改正という方法もありうるだろう（人権条例の詳細は、友永健三「今、改めて人権条例制定の意義と課題を考える」『部落解放を考える──差別の現在と解放への探求』〔解放出版社、2015年〕参照）。

　例えば三重県伊賀市の場合、差別をなくすための総合計画の策定、実態調査の実施、「市民等は、部落差別をはじめとするあらゆる差別行為及び差別事件・事象の発生を助長する行為をしてはならない」という禁止条項、行政側の推進体制整備と審議会の設置などが盛り込まれている。このような内容は、人種差別撤廃基本条例を策定する場合にも参考になる。

［師岡康子］

Q19 地方公共団体は、ヘイトデモ等を行うために公園等の使用許可を申請された場合、不許可にできるのか?

　解消法は4条2項で、地方公共団体に、「本邦外出身者に対する不当な差別的言動の解消に向けた取組に関し、国との適切な役割分担を踏まえて、当該地域の実情に応じた施策を講ずるよう努める」努力義務を定めている。また、解消法成立以前から、人種差別撤廃条約に基づき、地方公共団体は、人種差別行為を後援・擁護・支持してはならない義務(同条約2条1項(b))や、人種差別を禁止・終了させるための具体的措置をとるべき義務(同条約2条1項(d))を負っている。そのため、人種差別的団体がヘイトデモ・集会等を実施するために、地方公共団体の管理する公園や公民館等の公共施設の利用を申請した場合、地方公共団体は、地方自治法や条例に定められた公共施設の管理権に基づき、適切な措置をとることが要請される。

　特に、地方公共団体において、公共施設が人種差別のために用いられることを知ったにもかかわらず(通常、地方公共団体は、表現の自由に配慮し、申請された集会の内容を事前に逐一確認することはないであろうが、利用申請書の記載内容、または、その後の市民からの通報等により、予定される集会の内容を具体的に了知することはありえよう)、その利用を漫然と許可し、または事情を了知する前に下した許可を取り消さないことは、作為または不作為により集会主催者らによる人種差別行為を後援・擁護・支持する結果を生じるもので、人種差別撤廃条約上の法的義務や解消法4条2項の努力義務に明白に違反するものとなる。

　他方、地方公共団体は、地方自治法244条に定める公の施設の管理者として、「正当な理由」がない限り、その利用を拒んではならず(同条2項)、特に集会の用に供される公共施設については、当該公共施設の種類に応じ、また、その規模、構造、設備等を勘案し、公共施設としての使命が十分達成されるよう適正に管理権の行使をし、実質的な表現の自由等の基本的人権の侵害がないようにすることが求められているため(皇居外苑使用不許可事件最高裁判

決、上尾市福祉会館事件最高裁判決、泉佐野市民会館事件最高裁判決等）、同義務との衝突・調整が別途問題となる。

　もっとも、判例の見解においても、利用目的が当該施設の設置目的からみて不相当な場合に、その利用を拒否することは、地方自治法244条2項の「正当な理由」やこれを具体化した条例上の不許可事由があるものとして、憲法上も許容されるものと考えられているし、また、公共施設の供用にあたってその供用の範囲、運営方針等をどのように定めるかについては、それが合理性を有するものである限り、施設の管理者の側に相当程度の自由な決定権が認められるとされている（最高裁判例解説民事篇平成8年度（上）211頁）。

　したがって、集会主催者より、解消法において、およそ法的保護に値せず（「あってはならず」〔前文〕、「許されないことを宣言する」〔前文〕、「解消が喫緊の課題」〔1条〕など）、かつ、これにより「多大な苦痛を強いられる」（前文）害悪が生じることが明らかとされた、「不当な差別的言動」を行うことを目的として、公共施設の利用申請がなされた場合に、地方公共団体が、表現の自由の濫用にわたるものとされている表現行為（例えば、名誉毀損表現、侮辱表現、虚偽の風説の流布、児童ポルノ、プライバシー侵害表現など）を行うことを目的として公共施設の利用申請がなされた場合と同様に取り扱い、その管理権を適切に行使して利用を制限することは、憲法上許容されるものと考えられる。

　このように、表現の自由の保障に関する判例の立場を前提としても、地方公共団体が、「不当な差別的言動」を行うことを目的とする公共施設の利用申請に対して、人種差別撤廃条約および解消法に基づく、必要な利用制限措置をとるべき義務を免れるものではない。そして、近時、人種差別的団体等により、不当な差別的言動を行うことを目的として公共施設や公園の利用申請がなされる事例が各地において増加しており、現実に利用申請を不許可とすべきものと判断された事例（2014年5月の門真市における公共施設の利用許可取消し、2016年5月の川崎市における公園使用不許可等）が発生していることに鑑みても、地方公共団体には、「表現の自由の保障」を名目とした安易な人種差別解消義務の懈怠が許されないことを踏まえつつ、表現の自由の保障にも十分に配慮した、公共施設の利用制限措置に関する体制整備と運用を速やかに実施することが求められているといえよう。

この点、2015年9月8日付けで東京弁護士会が発表した「地方公共団体に対して人種差別を目的とする公共施設の利用許可申請に対する適切な措置を講ずることを求める意見書」においては、公共施設の利用制限が表現活動の事前抑制の性質を有し、事後制裁の場合よりも濫用されやすく、抑止的効果も大きいことを踏まえ、①ヘイトスピーチを含む人種差別行為を行うことが公共施設の使用許可の制限に関する一般条項における使用制限事由に該当するという合憲限定的解釈に立ったうえで、公共施設の利用制限を課すものであることを明らかにし、ヘイトスピーチ等の人種差別行為を規制する条例の整備や、すでに存在する公共施設の利用に関する条例における一般条項に関する解釈指針の整備等を通じて、その基準の明確性をよりいっそう高める努力をすること、②「公共施設においてヘイトスピーチなど人種差別行為が行われるおそれが、客観的な事実に照らして具体的に明らかに認められる場合」等の厳格な要件を定め、これに該当する場合に限って利用制限を課す運用とすること、③利用制限の不利益を受ける当事者に対する反論の機会等の手続き保障、④恣意的判断を排除するため、利用制限の要否・是非の判断を、国際人権法、憲法や人種差別問題に精通した研究者・法律家・NGO等の有識者の意見を聴取したうえで行う運用とすること、⑤当該施設を利用させることにより生ずる害悪の程度を具体的に検討し、「人種差別行為を行わないよう警告する措置」「人種差別行為を行わないことを条件として施設の利用を許可する条件付利用許可」「施設の利用不許可」などのとりうる措置の中から、制約目的達成のためにより制限的な手段を選択することなどが求められており、実際の体制整備や運用を検討するにあたっては参考となろう。　　〔金哲敏〕

Q20 公安委員会や警察は、ヘイトデモ等を行うために道路の使用許可を申請された場合、不許可にできるのか？

　これまで述べてきたように、地方公共団体は、自己の有する権限を適切に行使し、人種差別的なデモや示威行動を防止・解消すべき義務を負っている（☞ **Q17〜Q19**）。

　一方、道路においてデモや示威行動を実施しようとする場合、デモ等の主催者は、道路交通秩序維持を目的として定められた道路交通法77条1項に基づき、あらかじめ警察署長の許可を受けなければならないものとされている。また、同様に、いわゆる公安条例が制定されている地方公共団体においては、道路交通秩序の維持に加えて、地方公共の安寧と秩序維持というより広範かつ総合的な目的のために定められた公安条例に基づき、あらかじめ公安委員会の事前許可を得る必要があるものともされている。そこで、警察や公安委員会がこのような許可権限を行使して、人種差別的なデモや示威行動について道路の使用を許可しないことが可能であるかが問題となる。

　この点、道路におけるデモ等に対する道路交通法77条1項に基づく許可は、あくまでも「道路における危険を防止し、その他交通の安全と円滑を図り、及び道路の交通に起因する障害の防止に資する」目的（同法1条）のために求められており、同法77条2項により、当該デモの予想される規模、態様、コース、時刻などに照らし、これが行われることにより一般交通の用に供せられるべき道路の機能を著しく害するものと認められ、しかも、同条3項の規定に基づく条件を付与することによってもこのような事態の発生を阻止することができないと予測される場合でない限り、許可を拒むことは許されないものとされている（エンタープライズ寄港阻止佐世保闘争事件判決参照）。したがって、人種差別的なデモ等が、道路の機能を著しく害するような態様で行われる場合に、同条1項により道路使用を不許可とすることは可能であるが、それ以外の場合には、同条3項によるデモコースの変更等の条件付与は可能であっても、これを超えて道路使用を不許可とすることは困難であろう。

公安条例についても、デモ等について一般的な許可制を定めてこれを事前に抑制する趣旨の規制は、表現の自由（憲法21条）に対する過度の事前抑制として許されず、デモ等が公共の安全に対し明らかな差し迫った危険を及ぼすことが予見されるような場合に限り不許可とするような、実質的に届出制と異ならない内容としてのみ、規制が許容されるものと解されている（新潟県公安条例事件判決、東京都公安条例事件判決参照）。したがって、人種差別的なデモ等が、マイノリティ集住地域への襲撃を目的とするものである場合など、公共の安全に対し明らかな差し迫った危険を及ぼすものと予見されるような場合には、公安条例に基づき道路の使用を不許可とすることも可能であろうが、それ以外の場合には、不許可とすることは困難であると思われる。

このように、そもそも道路交通法や公安条例において警察や公安委員会に与えられている道路使用の不許可権限が極めて制限的であることを踏まえれば、解消法成立後も、警察や公安委員会が、道路使用の不許可の方法で道路における人種差別団体による人種差別的なデモや示威行動を積極的に防止・解消するというアプローチは、現実的方策とはいいがたいように思われる。そのため、特定の地方公共団体の地域内において、人種差別団体による人種差別的なデモや示威行動が横行し、深刻な弊害を生じているような場合には、当該地方公共団体においては、速やかに別途これを規制する新たな条例制定等の措置を講じたうえで、適切な対処をすることが求められよう。

この点、判例は、暴走族等による集会に関して、広島市の管理する公共の場所において、管理者等の承諾・許可なく公衆に不安または恐怖を覚えさせるような集会を行うことを禁止し、市長による中止命令等の対象とし、同中止命令に従わない場合には刑罰を科すことを定めた条例について、規制目的の正当性、弊害防止手段としての合理性、規制により得られる利益と失われる利益の均衡等の観点から、憲法21条に違反しない旨の判断を下しており（広島市暴走族追放条例事件判決参照）、人種差別団体による人種差別的なデモや示威行動を規制する条例制定を行うにあたり、表現の自由を侵害する内容とならないようにするためにも、参照されるべきものと思われる。　　［金哲敏］

Q21 ヘイトデモ等の現場で、警察が解消法に基づいてヘイトスピーチを止めることはできるのか？

　解消法は、警察官が現場で直接ヘイトスピーチを止める根拠にはならないが、法律施行以前と比べて警察官の対応は大きく変わった。今後は警察官に対してヘイトスピーチに関する適切な研修を行うなど、より長期的な取組みが必要となる。

　解消法4条では、国が「不当な差別的言動の解消に向けた取組に関する施策を実施する」責務を有すること、地方公共団体が「国との適切な役割分担を踏まえて、当該地域の実情に応じた施策を講ずるよう努める」ことが規定されているが、明確な刑事的・行政的禁止条項は設けられていない。このため、警察官がヘイトデモなどの現場で解消法に基づいて具体的な差別的言動を禁止したりすることはできない。もしそのようなことが行われた場合は、解消法の濫用であり、法律の適切な運用という立場からは、むしろそうしたことがないように注意していく必要がある。

　しかし、解消法が施行されて以降、ヘイトデモなどの現場での警察官の対応は大きく変わった。その直接の根拠となっているのは、法律の施行日（2016年6月3日）に警察庁から各都道府県の警察宛てに出された、「本邦外出身者に対する不当な差別的言動の解消に向けた取組の推進に関する法律の施行について」という通達だ（本書101頁）。この通達では、法律の目的と概要について記した後、この法律を踏まえた警察の対応について次のように書いている。

　「各位にあっては、法の趣旨を踏まえ、警察職員に対する教養を推進するとともに、法を所管する法務省から各種広報啓発活動等への協力依頼があった場合にはこれに積極的に対応するほか、いわゆるヘイトスピーチといわれる言動やこれに伴う活動について違法行為を認知した際には厳正に対処するなどにより、不当な差別的言動の解消に向けた取組に寄与されたい」。

　重要なのは、最後の「いわゆるヘイトスピーチといわれる言動やこれに伴う活動について違法行為を認知した際には厳正に対処する」という部分だが、

これはヘイトスピーチが行われた場合に既存の法令をより積極的に適用する、という含意をもつ。つまり、ヘイトスピーチ自体を解消法に基づいて禁止することはできないが、ヘイトデモが行われる過程あるいはその前後に何らかの違法行為があった場合には、それをより厳しく取り締まるということである。例えば2012年から13年にかけて東京・新大久保でヘイトデモが頻発した際には、デモ後に地域の商店などに対して集団で嫌がらせを行う「お散歩」と呼ばれる行為が問題となったが、当時警察は何もしなかった。こうしたことが今後もしまた行われるようなことがあれば、そこでは威力業務妨害などの規定が積極的に適用されることになるであろう。

　また、デモの申請にかかわる道路交通法および各地方公共団体の公安条例についても、同様に積極的な適用が期待できる。例えば法律が施行された直後の2016年6月5日に川崎で行われたデモでは、終了後に最寄り駅まで移動する際にデモ主催者が拡声器を使って示威行為を行ったことに対し、警備にあたっていた警察官が「警告」を行い、それでも示威行為をやめようとしない主催者を「違法デモだよ」と強い口調で制止する場面が見られた。こうしたことは、それに先立って主催者がデモ中止の判断に至る過程で警察官が何度も説得を試みたことなどと併せて、法律施行による警察官の姿勢の変化を象徴的に示すものである。

　とはいえ、こうした変化はいずれも現場レベルのものであり、警察署ごとの違いも大きいほか、長期的にどのような対応を行っていくかについての明確な指針が出されているわけではない。上の通達では「警察職員に対する教養を推進する」で済まされているが、ヘイトスピーチがどのような問題であり、またその背後にある（人種）差別ということがどのような問題であるか、こうしたことについての研修等をきちんと行っていくことが、今後の重要な課題となるであろう（☞**Q31**）。

[明戸隆浩]

Q22 選挙期間中に行われるヘイトスピーチはどう扱われるのか？

　解消法成立後の2016年7月に行われた東京都知事選挙では、「在特会」元会長が立候補した。選挙運動期間中には韓国民団前や朝鮮総連前、韓国系ニューカマーの多い新大久保を含む都内各所で、「だから私は今ここに来て民団の人間はさっさと日本から出て行けって言ってる」（民団前）、「70年にわたって、日本人に対して悪口雑言の限りを尽くし、……犯罪の限りを尽くしてきたのが朝鮮人」（総連前）、「都知事になった場合には、直ちにこの韓国人街から犯罪朝鮮人を叩き出します」（新大久保）などという「演説」がなされた。

　こうした選挙運動期間中のヘイトスピーチに対して、法的にはどのような対応が可能であろうか。まず原則として、たとえ選挙運動期間中であっても、その言動が刑法等の規定に触れる場合には、当然処罰の対象となる。たとえば候補者が街頭演説中に聴衆を暴行した場合には暴行罪が適用されるし、特定個人あるいは団体に対して誹謗中傷を行った場合には侮辱罪や名誉毀損罪が適用されうる。また今回施行された解消法にはとくに選挙についての規定は設けられていないが、逆に選挙運動を適用除外とする規定もないので、解消法もまた普段と変わらず適用される。

　また選挙運動の中でも特に政見放送については、公職選挙法150条の2に「他人若しくは他の政党その他の政治団体の名誉を傷つけ若しくは善良な風俗を害し又は特定の商品の広告その他営業に関する宣伝をする等いやしくも政見放送としての品位を損なう言動をしてはならない」という規定があり、特定個人や団体を標的としたヘイトスピーチについては、公選法違反になる可能性が高い。

　しかしその一方で、選挙運動については既存の法令の一部の適用が除外されるなど、選挙期間外の運動と比べてより強い保護を受けていることも事実である。例えば、選挙運動のために用いられる自動車は、道路交通法の駐車違反に関する規定から除外されている。また拡声機暴騒音規制条例を設けて

いる地方公共団体であっても、選挙運動のための拡声器の使用についてはその適用が除外される。

　また公職選挙法148条では、新聞や雑誌について「選挙に関し、報道及び評論を掲載するの自由を妨げるものではない」という原則を示しつつも、同時に「但し、虚偽の事項を記載し又は事実を歪曲して記載する等表現の自由を濫用して選挙の公正を害してはならない」とも規定している。もちろんここでの原則はあくまでも報道の自由にあるのだが、結果としてこうした規定は、選挙運動期間中に候補者を「批判」すること自体を躊躇させる効果をもたらしている。

　さらに同じ公職選挙法225条では、「選挙の自由妨害罪」として、候補者や運動員に暴行や威力を加えること、集会や演説を妨害すること、文書図画を毀損することなどを挙げ、一般的な暴行や脅迫、器物損壊などよりも重い処罰を定めている。実際こうしたこともあって、今回の選挙運動に対しては直接的なカウンター行動は行われていない。

　以上のように、選挙運動期間中の言動に対する批判や抗議については、たとえヘイトスピーチに対するものでも普段より制約が強くなることは否定できない。しかし前半でも述べたように、少なくとも選挙後には選挙運動中の言動にも刑法や解消法を含む多くの既存の法令が通常どおり適用される。すなわち、選挙後に刑事告訴を行ったり法務省に人権侵害を訴えたりする場合には、普段のヘイトスピーチに対処する場合と何ら変わらない。したがって選挙運動期間中は主に監視や記録を行い（この文章もインターネット上などで行われたそうした活動に多くを負っている）、そこで集められた情報をもとに選挙後に法的対応を行っていくことが、当面、有効な対処策となるだろう。

　また、先に見たような選挙期間中のメディアによる批判やカウンター活動の難しさを考えるならば、解消法7条に基づいて政府が啓発等を行っていくことは、普段にも増して重要な意味をもつと考えられる。それでも十分な対応ができないというならば、それは解消法の限界を意味することになるから、その場合にはより明確な禁止規定を含む法整備を考える必要があるだろう。いずれにしても、「選挙期間中は無敵」（民団前での発言）といったヘイト側の思い込みを正しく崩すためには、よりいっそうの対策強化が急務であると思われる。

［明戸隆浩］

Q23 ヘイトスピーチが行われた場合、どこに相談に行けばよいのか？

　解消法は5条1項で国に相談体制を整備する責務を、同条2項で地方公共団体に努力義務を定めている。

　法務省人権擁護局は解消法成立前から、一般の人権相談窓口においてヘイトスピーチに関しても相談を受け付けている。ただ、これまでは、不特定の集団に対するものは法的根拠規定がないとの理由で取り上げず、被害者を落胆させてきたが、成立後は取り組む責務を負ったことになる。

　法務局での面談だけでなく、電話（「みんなの人権110番」0570-003-110）、さらにインターネットからの相談も可能である（法務省人権擁護局ウェブサイト参照）。また、インターネット上で人権侵害があったときは、プロバイダーに情報の削除依頼をするようアドバイスをするだけでなく、被害者自ら削除を求めることが困難な場合や、被害者からの削除依頼にプロバイダーなどが応じない場合などには、法務局がプロバイダーなどへの削除の要請を行っている。費用は無料で、非公開手続きであり、相手に申請者の名前・住所を知らせなくてもよく、1年前後で結論が出るなどのよい点があるが、他方、手続き上強制力は一切ないため、実効性には限界がある。

　例えば、2015年7月、朝鮮大学校前で2008年から2011年にかけて3回、在特会らにより「朝鮮人を殺しに来ました」などと拡声器で叫ぶ街頭宣伝が行われ、それが各種動画サイトにアップされた件で、当時学内で直接そのスピーチを聞いた被害者たちが法務局に人権侵害の救済を求める申請を行った。半年後の12月22日、法務局は街宣主催者に対し、人間の尊厳を傷つける違法な人権侵害であり、反省し、今後決して同様の行為を行うことのないよう勧告した。しかし、強制力がないため、主催者はその後もずっとヘイトスピーチを続けている。また、法務局はプロバイダーへの動画削除要請を行い、すでに一部は削除されたが、未だ応じない業者もいる。

　なお、法務局で相談を受ける者が差別問題に精通しているとは限らず、相

談した被害者に二次被害をもたらしたことが報道され(毎日新聞2015年4月13日)、その点も含めた相談体制整備が急務である。

　地方においては、法務局のほか、多くの地方公共団体で無料の人権相談窓口を設けている。大阪市においては2016年7月1日からヘイトスピーチへの対処に関する条例(☞**Q18**)が全面施行され、市民からのヘイトスピーチについての申立て受付を開始した。面談と送付の方法があるが、まずは「**ヘイトスピーチ関係専門受付窓口**」(06-6208-7612)へ電話するよう案内されている(詳細は大阪市ウェブサイトを参照)。

　そのほか、日本弁護士連合会および各地の弁護士会でそれぞれ人権相談窓口を設けている。また、差別問題に取り組む当事者団体やNGOで相談窓口を設けているところもある。

　さらに、相手が話し合いや勧告に応じない場合には、裁判手続きを行うことも選択肢となる。解消法に禁止事項や制裁規定が定められているわけではないが、川崎市桜本へのヘイトデモ禁止の仮処分決定で見られるように(☞**Q12**)、解消法にヘイトスピーチの定義と害悪が明記され、「許されない」との理念が宣言され、人種差別撤廃条約が解釈指針であることが両院の附帯決議に明記されたため、解消法の定義にあたる行為であると認定されると、「許されない」「差別的言動」であり、民法上の不法行為と認定されやすくなった。

　ただし、新たな訴訟手続きなどは整備されていないため、被害者自らが訴えを起こさなければならず、また、不特定の集団に対する差別的言動についてその集団に属する誰もが被害者として認定されるかどうかは不明確である。さらに公開の訴訟手続きで一審だけで通常2年、最高裁まで行くと数年もかかり、裁判を起こしたことにより攻撃されるという二次被害を含めた多大な精神的負担がかかる問題は未解決である(☞**Q11**)。

　なお、ヘイトスピーチが侮辱罪、名誉毀損罪、脅迫罪、信用毀損罪、威力業務妨害罪、偽計業務妨害罪などにあたる場合には、警察や検察に相談できる。これまで警察の被害者相談への冷淡な態度が問題とされてきたが、警察庁の通達では、「ヘイトスピーチといわれる言動やこれに伴う活動について違法行為を認知した際には厳正に対処するなどにより、不当な差別的言動の解消に向けた取組に寄与されたい」となっており、被害者保護の観点から適正に対応すべきである(本書102頁)。

[師岡康子]

Q24 解消法にいう「必要な相談体制の整備」とは、具体的に何を意味するのか？

　解消法5条1項および2項にいう必要な体制の整備とは、既存の相談体制における対応の整理と新たな対応体制の構築の双方を意味する。具体的な差別禁止法が未制定である現状にあっては、現行法内で可能な措置の実施と、今後の法整備を見据えた法体制構築の両面を意味することになる。

　これらが前提としているのは、不当な差別的言動に関する相談への対応である。解消法の射程は、2条の定義に該当する「不当な差別的言動」だが、実際に寄せられる相談はこの定義の範囲にとどまらない。しかし、相談受付の段階で2条の定義への該当性を相談者側に説明させるような実務は、過度の立証義務を相談者側に押しつけることとなり、それ自体が差別的施策と指摘されることになる。個々の相談が妥当であるかの判断を行うために、個別の相談に応じて必要な調査を実施し、事態の具体的解決に向けた措置の可能性を検討しなければならない責任は、国または地方公共団体にある。

　相談業務を担う機関は、5条1項において国、2項において地方公共団体の下に置くことが想定されているが、ここで2条の該当性の判断を踏まえた新たな機関を設置することが必要であるかどうかについて、解消法は直接定めていない。しかし、仮に2条該当性の判断によって解消法の射程外の事案であることが判明した場合でも、調査の結果、「不当な差別的言動」に該当する可能性のある事案であった場合、そのまま当該事態を放置することは明らかに適当でない。当然、関係機関に回送して事態の収拾にあたることが期待される。したがって、具体的相談実務において2条の該当性の判断はあまり実益を持たない。それよりも、相談受付の当初の段階から、不当な差別一般にかかわる調査を実施し、具体的措置を検討することが求められていると考えるべきである。

　既存の相談体制にあっては、解消法成立を受けて「不当な差別的言動」を相談対象とすることが求められる。この種の事案は、これまでも警察や法務局

などに対する相談に含まれていた。しかし、具体的な措置につながる制度が完備されていなかったため、事実上対応がされていなかったものである。解消法成立により、関係機関には相談に対応する責任が担わされた。しかし、未だ具体的な措置が定められたわけではないため、当該機関は現段階で援用しうる限りの措置を講じて、事案の解決に努力することが求められる。併せて、現在の制度上援用できない措置などについて、事案を集積し、今後の制度の整備拡充に資することが求められている。

　既存の相談機関に権限上の限界があることに加え、現時点では各種相談機関同士の連携がないことも、大きな課題である。解消法は、相談機関の充実を図るに際して、「役割分担」（5条2項）という用語を通じて各機関の連携強化の措置も視野に入れているものと評価できる。

　人種差別撤廃条約2条は、(a)から(e)までの具体的項目を挙げて、締約国に対して、人種差別の非難、差別撤廃のための政策の実施、そして人種間の相互理解の促進を求めている。さらに、すでに存在する差別の是正のための特例的措置の必要性にも言及している。他国の例からみると、本来、こうした政策立案を主導するべきなのは、相談業務にも従事する、行政府から独立した国内人権機関の役割である。独立した国内人権機関が依然として設置されていない日本にあっては、今後、まずは差別的言動の解消に向けた横断的な機関連携会議等の設置を推し進め、そこに差別問題について活動する各種市民団体、NGO、当事者団体などの参加を得ながら、具体的な救済措置の模索を図るべきであろう。

〔寺中誠〕

Q25 法務省の人権救済申立制度は解消法で変わるのか？ 変わるとすればどう変わるのか？

これまで人権問題に関連した相談業務の受付窓口となってきたのは、法務省人権擁護局が所管する「法務省の人権擁護機関」であり、その実態は法務局・地方法務局とボランティアによって相談に対応する人権擁護委員制度である。ほかにも、警察や学校、病院、労働基準監督局などのように別の目的で設置された機関が存在するが、明示的な差別禁止法が欠けた状態の中で、効果的な取組みは講じられてこなかった。

各地の弁護士会が独自に設置した人権救済申立て手続きも存在しているが、弁護士会という性格上、行政当局に対する申入れや調査や介入をするための権限が弱く、かつ審議に長い時間がかかるため迅速な解決に資さなかった。

「法務省の人権擁護機関」は、年間2万件におよぶ事案を受け付け、そのほとんどを処理していると発表している。法務省は、一部の「説示」の事案などをウェブ等で紹介しているが、しかし実態としては、「説示」や「調整」などの具体的な対応がなされたケースは1％程度にすぎず、「法律上の助言を行ったり、関係行政機関や関係ある公私の団体等を紹介すること」とされる「援助」が全体の92％以上を占めている。つまり、ここで事態の解決が図られることはまずなく、他の機関、団体に事案を回送するだけの機能が主であることが明らかである。

そもそも人権擁護委員や人権擁護局の主たる役割は、不当な差別的言動への対応に適合するべく定められたものではなく、解消法5条にいう「不当な差別的言動に関する……紛争の防止又は解決」を図る専門性を備えているわけではない。特に、人権擁護委員制度には国籍条項が設けられており、多様なルーツを持つ人々の人権に対応するに際しても、そもそも担当者から日本国籍者以外を排除している点は、きわめて問題である。既存の相談体制は一応全国規模に展開されている点で大きなメリットがあるが、その権能の点からは、そのままヘイトスピーチ対策に流用することには大きな困難が伴うだ

ろうと思われる。

　これまで相談窓口を備えていなかった省庁にも、新たに窓口設置の必要性が生じるか、という問題も同様に捉えられる。むろん、相談窓口をまったく備えていないために重要な申立てができないということであれば、5条の趣旨に反するため、新たに申立て窓口を備える必要がある。だが、すでに相談のためのルートが設けられているのであれば、少なくとも相談窓口での門前払いが回避され、適切な調整役を通じて事案が解決に向かうようになれば、解消法の趣旨が満たされているといえるだろう。既存の体制を抜本的に変更して新たな手続きを設けることが、ここで第一義的に求められているわけではない。相談窓口が必ずしも2条所定の定義に厳密に制限されるわけではないことを考えると、既存の相談窓口での対応力を一般的に高めて相談事案の範囲を広げることのほうが優先順位が高い。

　したがって、相談窓口としては既存のものを拡充して利用しつつも、事案への対応および紛争の防止または解決に際して、各相談窓口を横断的に調整し、必要な知識・技能が、相談者に適切に配分されるよう保障する仕組みのほうが必要性が高いであろう。事案の解決に向けた個別調査を実施する権限と能力も必須である。したがって、各省庁の権益や取締り当局から独立した立場にあって、個別事案に具体的に対応するための十分な調整権限と調査権限を備えた専門家による協議機関を設けることが、最も適切だと考えられる。対処のためのガイドラインや必要な技術水準などについても、こうした協議組織は、「不当な差別的言動」の法的な規制に向けた新たな立法措置の可能性を視野に入れつつ専門的に検討、提言が可能である。人種差別撤廃条約2条の諸施策の実施の下地として、包括的な差別禁止法の制定を含めた国内法整備を推し進めていくためにも、省庁横断的に調整活動を行うことができる協議機関を設置し、各専門家をそこに所属させるのが最も効果的である。実際、人身取引対策に関する関係省庁連絡会議のように、専門部署による連携組織には先例がある。

　この独立した調整機能を備えた相談対応機関には、ヘイトスピーチにかかわる諸問題について、法学・心理学・社会学など多岐にわたる観点からの知識を備え、それに基づいた具体的な問題解決の能力・経験を備えた専門家が配置されるべきである。特に、実際に差別的言動の被害者の支援を担ってき

た市民団体やNGOの経験を適切に反映できることが肝要であろう。

　こうした相談対応機関について、国際的には多くの先例がある。すでに世界120カ国を超える国々で設置されている国内人権機関は、行政から独立した専門機関として人権に関する政策提言や人権侵害事案の個別救済にあたっている。この国内人権機関についての国際基準として、人権の伸長と保護のための「国家機関の地位に関する原則」（通称「パリ原則」）が設けられている。また、一定の機能に特化した相談対応機関として、各種オンブズマン制度や拷問等禁止条約に定められた国内防止メカニズムなども各国に設けられている。これらはパリ原則を範としつつも、むしろ具体的な対応や防止措置の実施を優先して機能的に設計されている。解消法が目指す相談対応機関も最終的にはこのパリ原則の基準に沿うことが目標とされるべきである。　〔寺中誠〕

Q26 地方公共団体の相談業務における「必要な体制」とは何か？

　解消法5条2項においては、各地方公共団体にも相談対応機関を設けることが期待されている。国に対しては1項で対応義務が課されているが、2項では、地方公共団体について「努めるものとする」と努力義務のように規定されている。しかし、これは4条や6条と同じ構造を持つ規定方法であり、同様に「国との適切な役割分担を踏まえて」「当該地域の実情に応じ」と2つの条件を踏まえていることから、地方公共団体には「必要な体制」を設ける義務がない、と捉えるべきではない。

　地方公共団体は、①国による相談業務の充実を受けて、それを側面から支援しつつ国の制度と連携して相談業務の拡大を図るか、あるいは②国の制度の充実を待たずにその地方公共団体独自の相談対応業務を先行的に実施するか、というどちらの選択肢をとることもできる。国の制度との「役割分担」とは、国による相談対応業務が「当該地域の実情」からみて十分であるか否かを考慮し、相談受付、調査、措置の各段階の流れの中で、地方公共団体が果たしうる機能を見極め、制度を設けるべきことを示している。衆参両院の附帯決議2項でも、特に「不当な差別的言動が地域社会に深刻な亀裂を生じさせている地方公共団体」には、国とともにその「施策を着実に実施すること」（衆院。参院も同旨）が求められている。地方公共団体には、国の制度拡充をただ待つのではなく、むしろ独自の相談対応業務を設置、拡充することが求められていると解すべきである。したがって、②の形態が望ましい。

　現行法上、国の相談業務の中核と見なされている「法務省の人権擁護機関」制度は、地域における窓口機関として地方法務局を備えている。しかし、いくつかの地方公共団体は、それに加えて独自の相談業務を行い窓口を設置している。独自の人権条例などに基づき相談対応を担う機関を自主的に設けている例もある。例えば、子どもの権利に関しては、国レベルの実施機関は未だ設けられていないが、条例や首長の判断で、地方公共団体レベルにおいて

国際的な基準に準じた形で実施組織や調査手続を設けている例がある（兵庫県川西市、東京都世田谷区等）。ほかにも、女性の権利や外国人の権利、多文化共生を扱う地方公共団体レベルの相談対応機関が、国の機関とは別に設置されているケースは多い。こうした独自の機関においては、救済手続きまでをカバーしている例もある。単なる相談業務にとどまらず、適切な救済・調停の機能を備えることが望ましい。

　これらの地方公共団体レベルの窓口機関の対応の内容については地域差が大きく、国の機関との連携が必ずしも適切にとられているとはいいがたい。また現在のところ「不当な差別的言動」という問題を専門的に扱う手続きとはなっていないし、問題解決に適した十分な専門家が配置されているわけでもない。解消法成立とともに、既存の制度の拡充や新制度の設置は、どうしても必要となる。確かに、2条に掲げられた「不当な差別的言動」に関する相談体制をとる義務は、第一義的には国にある（5条1項）。しかし、実態から考えると、現場に最も近く具体的な対応を迫られるのは地方公共団体である。そこで解消法は、地方公共団体が、場合によっては国の制度に先んじる形で相談対応体制を敷くことを奨励し、必要以上に国の制度の進捗に制限されないよう、5条2項を規定したと考えるべきである。

　各地方公共団体は、国の制度の拡充を専ら待つばかりではなく、むしろ積極的に、「当該地域の実情に応じ」、適切な相談対応体制を設けるべきである。

［寺中誠］

Q27 解消法が求める、学校教育における「必要な取組」とはどのようなものか？

　解消法施行を受けて、2016年6月20日、文部科学省は、各教育委員会や大学等に対して「『本邦外出身者に対する不当な差別的言動の解消に向けた取組の推進に関する法律』の施行について（通知）」を発した（本書102頁）。

　理念法にとどまってしまった解消法において「教育の充実」は、「相談体制の整備」や「啓発活動等」とともに（解消法5条〜7条）、「不当な差別的言動の解消」実現に向けた重要な柱である。けれども残念ながら、法律上の規定もそれを補完すべき文科省通知も、抽象的な文言の域を出ていない。通知は解消法の「了知」と「適切な対応」とあるだけで、具体的な取組みについての言及も手がかりもない。

　そこでここでは、学校教育（フォーマル・エデュケーション）を対象として「必要な取組」を考えてみたい。働きかけの対象は、①学校教員、②児童生徒および学生、③保護者が想定される。

　①について、まず必要なことは、学校教員自らが、解消法が成立した経緯を含めて、その意義を学ぶ機会をもつことである。そのためには、各種研修（初任者、教職経験者、管理職など）や免許状更新講習における研修項目に、国際人権条約や不当な差別的言動の解消に関連する内容を含める必要がある。

　さらに、「地域の実情に応じ」た教育活動を実践するためには、各地域で生活する本邦外出身者等について「知る」ことも重要である。もちろん、単なる知識の獲得ではなく、フィールドワークなどを通じた「出会い」こそが求められることはいうまでもない。それによってはじめて、学校教員を媒介にした②児童生徒および学生、③保護者への働きかけが可能になるのである。

　また、各大学は、「文部省におけるセクシュアル・ハラスメントの防止等に関する規程の制定について」（1999年3月30日通知）に対応して、学内に相談窓口や調査対策機関を設置し、大学によってはパワハラも取組みの対象にしているが、レイシャル・ハラスメントも新たに対象に加えるべきであろう。

②について、現行のカリキュラムでは、小・中・高等学校の「総合的な学習の時間」で取り上げることが一番適しているであろう。その場合も、単なる知識の伝達にとどまらず、「地域の実情に応じ」た実践的な授業構成となるよう創意工夫が求められる。新たな取組みゆえ、教員個人にすべてを任せることは負担が大きいと判断する場合には、地域単位や学校単位で、授業構成モデル案を作成する方法も考えられる。

　「地域の実情に応じ」た実践の延長として、各学校、各クラスに、どのような本邦外出身者等に該当する児童生徒（外国ルーツの児童生徒）が学んでいるのかを事前に知っておくことも重要である。学校教員は、単に彼／彼女らが差別的言動（いじめ）の被害者にならないようにするだけでなく、総じて同化圧力の強い日本の学校教育において、一人ひとりの「ちがい」を知り、「ちがい」が力となるような学校づくり、クラスづくりを日常的に心がける姿勢が求められる。

　そのうえで、児童生徒が、不当な差別的言動や人種差別的なデモに感化されることを適切に防ぐために、社会科系の教科教育において、国際人権条約や植民地支配の歴史等を十分な授業時間をとって教えることが肝要である。

　加えて、不当な差別的言動や人種差別的なデマの拡散がインターネットを通じて行われることが多いことに鑑み、高等学校の「社会と情報」などの情報関連の授業で、メディアリテラシーを高める教育を行うことも「必要な取組」の一つである。

　さらに、大学等においては、総合科目の一つとして、国際人権条約や不当な差別的言動の解消に関連する科目を必修にしたり、キャリアデザインの一つとして学生に学ぶ機会を提供することも「必要な取組」である。

　③については、主に初等教育が対象になる。文化祭などの学校行事、保護者参観や学級懇談などの保護者参加の機会に、あるいはPTA主催の集まりなどで、保護者が解消法を学ぶ機会を創出する必要がある。保護者（親）の無意識の差別的言動が、子どもの差別的言動を誘引したり強化してしまうことも少なくない。保護者自らが適切な言動を心がけ、家庭教育（インフォーマル・エデュケーション）において、「不当な差別的言動」を決して行ってはならないこと、そういった言動を放置してはならないことを子どもにしっかりと教えていくことが重要である。

［鈴木江理子］

Q28 学校教育において「本邦外出身者等」はどのように位置づけられているのか？

　解消法の「核心」は、本邦外出身者等に対する「不当な差別的言動」の解消を推進することである。ヘイトスピーチに怯える在日コリアンの子どもが発した「朝鮮人や韓国人は、悪いことなん？」という言葉に、どう答えるかが問われている。差別的な言動を解消するために、解消法には6条（教育の充実等）が用意されているが、学校教育の現状はどうなっているのか。

　毎年発行される『学校基本調査報告書（初等中等教育機関、専修学校・各種学校編）』（文部科学省）を見ると、小・中・高に在籍する外国人児童生徒数はたったの1行がそれぞれ掲げられているだけである（2015年5月現在、小45,721、中22,281、高12,979）。ちなみに、帰国児童生徒については、都道府県別・学年別の数字が掲げられている（2014年度、小6,862、中2,663、高2,050）。同書は「不就学学齢児童生徒調査」も掲げるが、その「調査票」を見ると、「外国人は、対象から除外する」とされている。

　小・中・高における教育には、『学習指導要領』が定められている。それぞれの「総則」を見ると、「障がいを持つ児童生徒」および「海外から帰国した児童生徒」の項はあるが、「外国人児童生徒」の項は見当たらない。学校教育（1条校）における本邦外出身者等（外国ルーツの児童生徒）に対する唯一の配慮は、主にニューカマーの子どもを前提とした「不自由な日本語」に対する支援のみである。また外国人は、1条校だけでなく外国人学校にも学んでいるが、学校基本調査における外国人学校に関する統計は、あまりにもお粗末である。日本の学校教育におけるこうした「外国人（本邦外出身者等）」のネグレクトぶりは徹底しており、解消法が定める「教育の充実等」が実効を生むには、こうした現状にもメスを入れる必要があろう。

　公立学校教員について触れておくと、1991年3月、文部省（当時）は日韓外相間の「覚書」を受けて、各都道府県教委などに公立学校教員採用試験の国籍要件撤廃を指示する一方で、外国人合格者は「常勤講師」として発令するよう

に、とした。日本人の場合は主任、校長などの管理職につながる「教諭」として発令されるので、いわば「2級教員」が誕生したことになる。そこでは、「公権力の行使、または公の意思形成に携わる公務員には日本国籍が必要」との「当然の法理」が持ち出される。しかし、私立学校教員には、それが適用される余地はまったくなく、実際、外国籍教員が主任、校長となっている。公立学校教員と私立学校教員の間で、その職務内容に差異を認めることができない以上、公立学校教員に「当然の法理」を適用することは不適切である。むしろ、教員の中に多様なルーツの人が必要であると考えることが、解消法の趣旨に沿うことになるのではないだろうか。

　2009年12月から翌年3月にかけて、在特会が京都朝鮮学校を襲撃したことは周知のとおりである。大音量による街宣に、学内にいた子どもたちの恐怖心は想像を超えるものだったろう。今、朝鮮学校に学ぶ子どもたちは、ことのほか「不当な差別的言動」に曝されている。

　日本は1979年、社会権規約を批准する際、同規約13条の教育の無償化を謳う(b)(c)を「留保」した。2010年4月にスタートした高校無償化法は画期的で、通常の高等学校だけでなく、専修学校ならびに各種学校である外国人学校の高校相当課程を無償化の対象とした。同規約13条が「教育についてのすべての者の権利を認める」に呼応したのである。

　2012年12月発足の第2次安倍晋三内閣は、先送りされてきた高校無償化からの朝鮮高校除外を直ちに断行した。その結果、40校の外国人学校（ブラジル、中華、韓国、ドイツなどの学校、および国際学校など）が対象となる一方、10校の朝鮮学校のみが対象外となった。朝鮮学校除外を発表した下村博文文科相は、拉致問題に進展がないこと、朝鮮総連と密接な関係にあるなどをその理由とした。日本政府は同じ説明を人種差別撤廃委員会でも繰り返したが、委員会は2014年9月、日本報告審査後の「総括所見」で、無償化を朝鮮学校に適用すべきこと、自治体による朝鮮学校補助金の復活・維持を勧告した。

　「朝鮮学校に学んではいけないの？」との子どもの疑問にどう答えるか。解消法の法務省英訳では、「不当な差別的言動」はunfair discriminatory speech and behavior（不公正な差別的な発言と行動）となっている。政府の朝鮮学校差別は、「不公正な差別的行動」というほかない。これを改めることは、間違いなく「不当な差別的言動」の解消に資することを忘れてはならない。［田中宏］

Q29 解消法が求める、社会教育における「必要な取組」とはどのようなものか?

　解消法6条が求める「教育活動」の場は、学校教育に限ったものではない。平均80年にも及ぶ日本人のライフサイクルを考えると、「主として青少年及び成人に対して行われる組織的な教育活動」（社会教育法2条）である社会教育（ノンフォーマル・エデュケーション）はきわめて重要な役割を担っている。とりわけ、変化の激しい時代に生きる私たちにとっての学びは、学校教育のみでは不十分である。

　すでに、公民館等での講座、博物館での展示、図書館での企画展、通信教育、大学等での公開講座、企業のオフザジョブトレーニングなど、さまざまな社会教育の機会があることから、解消法の実効性を担保するためにも、これらを有効に活用することが求められる。

　一方、社会教育は、学校教育と異なり、学習者の自発的な参加を基本としていることから、さまざまな生活・就業状況にある市民が、それぞれのライフスタイルに応じて、性別や年齢を問わず参加できるよう多様なメニューを用意する必要がある。加えて、いかに市民の関心を喚起するか、どのように広報するかという点での工夫も欠かせない。

　2012年8月に実施された内閣府による「人権擁護に関する世論調査」を見ると、外国人の人権に関心をもっている人は10.7％にすぎない。また、「日本に居住している外国人に関し、現在、どのような人権問題が起きていると思いますか」（複数回答）という設問に対して、「風習や習慣等の違いが受け入れられないこと」（34.8％）、「就職・職場で不利な扱いを受けること」（25.9％）、「アパート等への入居を拒否されること」（24.9％）が上位を占め、「差別的な言動をされること」は15.0％である。その一方で、20.7％が「特にない」、14.1％が「わからない」と回答している。つまり、これらの結果は、解消法が対象とする本邦外出身者等（外国ルーツの人々）の権利に関心をもたない市民が多数存在し、彼／彼女らが直面している制約的状況や差別的言動を知ら

ない人が少なからず存在していることを示している。

　このような現実を了解したうえで、より多くの人が学ぶことができる社会教育を企画することこそ「必要な取組」である。例えば、「地域の実情に応じ」た身近な話題やニュースを取り上げ、人権や地域で暮らす外国ルーツの人々への関心を喚起することから始め（入門編）、段階的により深い知識の習得へとつなげていってはどうだろうか。もちろん、学校教育の場合と同様に、単なる知識の獲得ではなく、視聴覚機材やフィールドワークを活用しつつ、より実践的な学びの場を提供する必要がある。

　そして、「地域の実情に応じ」た題材を取り上げるにあたっては、まず、教育を提供する側が「地域の実情」を知らなければならない。在留外国人統計（法務省）や日本語指導が必要な児童生徒の受入状況等に関する調査（文部科学省）、「外国人雇用状況」の届出状況まとめ（厚生労働省）をはじめとする各種統計、自治体や研究者らによる各種調査を活用すれば、それぞれの地域にどのような外国ルーツの人々がどのように生活し、働いているのかを一定程度知ることが可能である。さらに、彼／彼女らが集まるエスニック・ショップや宗教施設などに出向いて直接話を聞いたり、自治会や商店街、学校や企業を通じて聞き取りを行うことも有効である。可能であれば、外国ルーツの人々やNPO関係者、研究者らと協力して、社会教育のプログラムを企画することもよいであろう。

　さらに、外国ルーツの人々にかかわる地域ボランティア活動――成人向け・子ども向けの日本語教室、生活相談や役所などへの同行通訳など――への参加機会を提供することも社会教育の一つである。一人ひとりの市民が、地域で暮らす外国人と顔の見える関係性を築き、彼／彼女らの置かれている状況に対する理解を深めることこそ、「不当な差別的言動」を解消するための近道である。

［鈴木江理子］

Q30 解消法は、すでにある「人権教育啓発推進法」とどのような関係にあるのか？

　解消法は6条で教育活動、7条で啓発活動の実施を国および地方公共団体に求めている。その点ではすでにある人権教育啓発推進法と重なる部分もあるが、人権教育啓発推進法は教育や啓発のみを定めた法律であるのに対し、解消法ではヘイトスピーチ解消の一環として教育や啓発を位置づけており、より強力な施策が求められているといえる。

　解消法6条では、まず1項で国に対して教育活動を実施しそのために必要な取組みを行うこと、2項で地方公共団体に対してそう努めることを求めている。また7条では、啓発活動について、国と地方公共団体に同様の分担を求めている。これらは5条の相談体制の整備と並んでヘイトスピーチ解消のための基本的施策の柱となっており、この法律の目的を実現するための具体的な手段としてきわめて重要な位置にある。

　とはいえ、必ずしも広く知られた法律ではないものの、差別にかかわる教育や啓発に関する法律という意味では、すでに「人権教育及び人権啓発の推進に関する法律」（人権教育啓発推進法）が2000年12月に施行されている。この法律の1条では、その目的を次のように掲げている。

　「この法律は、人権の尊重の緊要性に関する認識の高まり、社会的身分、門地、人種、信条又は性別による不当な差別の発生等の人権侵害の現状その他人権の擁護に関する内外の情勢にかんがみ、人権教育及び人権啓発に関する施策の推進について、国、地方公共団体及び国民の責務を明らかにするとともに、必要な措置を定め、もって人権の擁護に資することを目的とする」。

　また2002年3月には、この法律の7条に基づいて「人権教育・啓発に関する基本計画」が策定され、並行して各地方公共団体でも基本計画や基本方針などの形で同様の取組みが進められた。こうした動きは、学校における人権教育の実施など、現場での具体的な取組みに対しても一定の影響を与えるものとなっている。

なお先に引いた1条では、人種による差別ということにも触れられており、人種などを理由とした差別的言動としてのヘイトスピーチも、当然この法律の対象に含まれることになる。実際この法律の8条に基づいて毎年出されている『人権教育・啓発白書』は、2014年6月に出された平成26年版で「特定の国籍の外国人を排斥する趣旨の言動が公然と行われていることがいわゆるヘイトスピーチであるとして取り上げられ……社会的な関心を集めた一年でもありました」とし、公的な形でこの問題を扱う端緒の一つとなった。

　また平成28年版の白書では、2014年11月から始まった法務省による反ヘイトスピーチの啓発活動について大きく取り上げている。この活動は黄色に黒字で「ヘイトスピーチ、許さない。」と大書きしたポスターで知られており、これは街頭のカウンター活動などでも利用された。また、同じページでは2015年度に法務省が実施したヘイトスピーチの被害実態調査にも触れているが、これは2016年3月に調査結果を公表したもので、ヘイトスピーチ解消法の成立に際しても立法事実を示す資料として重要な役割を担った。

　こうした点で、人権教育啓発推進法はヘイトスピーチ解消法以前の反ヘイトのための教育や啓発において、一定の役割を果たしたといえるだろう。しかし、人権教育啓発推進法はあくまでも教育と啓発の推進自体を目的とする法律であり、国や地方公共団体にそれ以上の責務を課すものではない。これに対して解消法は、ヘイトスピーチの解消に向けた取組みの一環として教育や啓発を位置づけており、単に教育や啓発の推進だけを掲げる場合に比べてより具体的な目標を課すものである。言い換えれば、少なくともヘイトスピーチについては、人権教育啓発推進法の下で行われていたよりも、より強力な教育や啓発が求められているといえる。

　ただし、人権教育啓発推進法ではその特性上、ヘイトスピーチはそれ単体ではなく、外国人にかかわる人権課題の一環として位置づけられている。またヘイトスピーチにも大きく関連する「女性」「障害のある人」「同和問題」「アイヌの人々」「インターネットによる人権侵害」などの人権課題も幅広く扱われている。ヘイトスピーチという問題の領域横断性を考えれば、人権教育啓発推進法のこうした特性は、今後も生かしていくべきであろう。　　［明戸隆浩］

Q31 警察を含む行政機関の職員への教育も想定されているのか？　想定されている場合どのような教育が必要になるか？

　解消法が取り扱う「不当な差別的言動」は、表面的な表現内容のみならず、むしろそれが用いられた社会的文脈、社会情勢などにより、そうした言動を受けた人ならびに社会に対して深刻な悪影響を引き起こす性質の行為である。このことは人種差別撤廃委員会の「一般的勧告35」にも明記されている。解消法は禁止規定を備えておらず、取締法でもないため、本法を根拠として強力な刑事的規制を行うことはできない。しかし、解消法は「不当な差別的言動」は「あってはならない」（前文）としており、警察や行政機関はその制限を踏まえたうえで、可能な限りの実効的な対策を講じなければならない義務を有する。

　警察は、この点について、2016年6月3日、警察庁警備局長と長官官房長の連名で通達（本書101頁）を出しており、警察官に対する教養（「研修」）、所管庁（法務省）からの啓発活動要請への対応、いわゆるヘイトスピーチやそれに伴う違法行為に対する厳正対処などを「不当な差別的言動」の解消策として規定している。いわゆる行政警察活動にかかわる対応等はこの厳正対処にあたるため、その前提となる知識や態度の習得は、教養（研修）の内容として本通達に含められていることになる。デモや街宣の現場での対応および24時間対応を任務とする警察にあっては、こうした研修の必要性は特に高い。

　解消法6条の教育には、このように実務を直接担う公務員に対する研修活動も含められる。特に警察官等、法執行に携わる公務員に対しては、人権侵害を禁止し予防する責任を定めた国連の法執行官行動綱領（UNGA37/169）の遵守が強く求められるほか、一種の専門家として、人権や反人種主義に対する理解、歴史学や法学、心理学、社会学など、いわゆるヘイトスピーチの背景やその被害を理解するための教育・研修が必須である。この点については、人種差別撤廃委員会の「一般的勧告13」や2010年の総括所見などでも指摘されている。

特に植民地主義に関する歴史に関しては、何度となく無知・無理解に基づく対応の誤りが散見される。2013年8月に警察庁が発した通達で、免許証の本籍欄の「朝鮮」の記載を「北朝鮮」に変更したという報道があった。この本籍欄の記載は、国籍としての「朝鮮」ではなく戦時中の朝鮮戸籍に記載されていた人とその子孫であることを示す記号で、敗戦後、日本政府がそうした人々から日本国籍を一方的に奪ったという歴史的経緯の名残である。そうした経緯を公的機関自らが無視し、誤った情報で上書きしてしまったものであり、それ自体が差別的対応であるといわざるをえない。慎重な教育・研修が必要な所以である。

　警察もその他の公務員も、特に国際的な取扱いや歴史的な問題にかかわるような場合には、しばしば法的概念の混乱が深刻な状態を引き起こしている。外国人に対する安易かつ誤った権利否認なども横行しており、人権に関する基礎的な理解の必要性はきわめて高い。公務員に対する教育については、狭く「不当な差別的言動」に限ることなく、広く差別問題の理解を推し進めることが重要であり、さらにそうした理解についての定期的なチェックも欠かしてはならない。

［寺中誠］

Q32 裁判官への教育も想定されているのか？ 想定されている場合どのような教育が必要になるか？

　解消法が要求している「教育」には裁判官への教育も含まれていると理解される。法の支配の要として裁判官が人種主義の歴史やその害悪について十分な知識を持つことがきわめて重要であるのはいうまでもない。のみならず、国家の構成機関としての裁判所自身、行政府や立法府と同様に解消法に基づき不当な差別的言動を解消に向けた取組みに関する施策を実施する責務を負う（4条1項）。裁判所は裁判所の内外に対して、このような施策を実施する必要がある。裁判所は施策を実施するための具体的な計画を策定すべきである。

　人種差別撤廃委員会も「そのような事件〔筆者注：人種差別事件〕が将来発生することを防ぎ、また、全公務員、法執行官、行政官及び一般国民に対して、特に人種差別に関して関連する人権教育を提供するための必要な施策を講ずること」を勧告している（第3～6回日本政府報告書への総括所見〔2010年〕14項）。

　植民地主義に関する歴史教育や、人種主義理論に対する科学的反論なども含め、カリキュラムを組んだ、単なる啓発にとどまらない教育が裁判官への任官（新任）時や、任官後の教育、研修として実施されるべきである（☞Q29）。養成課程における教育、すなわち法学部生、法科大学院生、司法修習生に対する教育も同様の見地から重要である。

　さらに、国際人権法教育を裁判官等に対する教育、研修内容に含むべきである。国際人権法は条約であるので、法律に優位する（☞Q3）。国際人権法はいうまでもなく人権について規定する法であり、国家機関（立法、行政、司法）を規律し、憲法に準じた重要性を有する。国際人権法の諸条約は、日本国憲法とは条文上の体裁も異なるし、規定している内容も異なる部分がある。にもかかわらず、現在の裁判実務では、国際人権法の諸条約は日本国憲法と同じ内容を規定しているだけだ、と安易に判断して済ませている裁判例も多い。

これは、裁判官の養成課程において国際人権法について十分な教育の機会が与えられていないことの反映である。

例えば、近時のヘイトスピーチ・ヘイトクライム事件についての以下の判決を見ても、同じ事件についての判断であるのに裁判官によるバラツキが大きい。人種差別撤廃条約などの国際人権法や、人種主義についての知識の多寡がこのようなバラツキを生んでいると思われる。すなわち、徳島県教組業務妨害事件や京都朝鮮学校襲撃事件についての刑事判決（徳島地裁2010年12月1日、京都地裁2011年4月21日）、徳島事件の民事一審判決（徳島地裁2015年3月27日）は、事件が人種差別事件であることについて不十分な判断しか示せなかった。他方、京都事件の民事一審判決（京都地裁2013年10月7日）、二審判決（大阪高裁2014年7月8日）、徳島事件の民事二審判決（高松高裁2016年4月25日）は、事件が人種差別である点についてよく検討している（☞**Q11**、**Q12**）。このようなバラツキをなくすための裁判官に対する組織的な研修が必要である。

国際人権法の研修の必要性は、国際人権条約の諸機関からも再三にわたって勧告されている（自由権規約委員会総括所見〔1998年32項、2008年7項、2014年6項〕、人種差別撤廃委員会総括所見〔2010年9項〕）。

現在、司法修習生への司法修習や裁判官の新任研修などで、カリキュラムに国際人権法が一部取り入れられているが、ごく簡単なものにとどまっており、いっそうの充実が求められる。

法科大学院では、国際人権法の講義は国際公法の一分野として実施されているが、その選択は必須ではない。実際上、裁判官に任官（新任）した後に充実した教育の機会をもつことはかなり困難であると思われるので、法科大学院での教育は特に重要であり、改善が求められる。

〔殷勇基〕

Q33 解消法が求める啓発活動とはどのようなものか？

　解消法7条には、「差別的言動の解消の必要性について、国民に周知し、その理解を深めることを目的とする広報その他の啓発活動」とある。法務省は2014年11月にヘイトスピーチに対する啓発活動を開始し、「ヘイトスピーチ、許さない。」と大書きしたポスター作製や新聞・ネット広告などを行い、ウェブサイト上にも「ヘイトスピーチに焦点を当てた啓発活動」とのページを設けた。また、解消法成立後、法務省人権擁護局は「ヘイトスピーチ対策プロジェクトチーム」を立ち上げ、ヘイトデモが予告されている場所にポスター貼示や電光掲示を行ったり、電光掲示板を搭載した車を派遣するなど、これまでより進んだ啓発活動を開始している。

　これらの取組みは前進ではあるが、解消のためには「許さない」と宣言するのみならず、差別の本質に切り込んだ啓発活動が必要であろう。ヘイトスピーチを含む差別の根底には、外国人や民族的マイノリティへの無知、偏見がある。教育の場に限らずあらゆる啓発を通じてこれらをなくしていくため、さまざまな国籍・民族の人たちに対する差別の歴史と現状のみならず、その人たちと一緒に社会をつくってきた歴史と現状、それぞれのルーツに対するアイデンティティが人格権として等しく尊重されるべきことなどを伝えることが不可欠である。

　また、ヘイトスピーチを「許さない」という抽象的批判ではなく、具体的なヘイトスピーチに即して批判する啓発活動が重要であろう。特に、人種差別撤廃委員会が「上級の公人がヘイトスピーチを断固として拒否し、表明された憎悪に満ちた思想を非難すれば、それは、寛容と尊重の文化の促進に重要な役割を果たす」（「一般的勧告35」37項）と指摘しているように、国が大々的・継続的に反ヘイトスピーチのキャンペーンを行うべきである。

　例えば、2016年夏の参院選、都知事選などで選挙活動に名を借りたヘイトスピーチが行われたが、現行の公選法では止めることが困難との問題がある。

それらを放置すれば悪影響が広がるので、すぐできる対応策として、首相などが、7条の啓発活動の一環として、具体的に問題がある発言を指摘して非難すべきである（☞**Q22**）。

また、法務省のウェブサイトなどに「在日特権」は存在しないこと、特別永住資格が設けられた経緯と内容などを具体的に説明することも重要である。現時点では、インターネット上で「在日特権」を検索すると、最上位にくるウィキペディアを含め、上位10件はすべて在日特権があると主張しているウェブサイトである。ヘイトスピーチの温床となっているインターネット上のヘイトの悪影響への対策として、公的機関が責任をもってデマを含むヘイトスピーチを否定する啓発活動を行うことが不可欠である。

さらに、2016年4月の熊本大地震の直後からツイッターなどで出回った「朝鮮人が井戸に毒を投げた」とのデマは、関東大震災におけるデマと虐殺を想起させる非常に危険なものであり、直ちに批判して事実を明らかにすべきであったし、今からでもウェブサイトなどで事実を明示すべきであろう。

このような啓発活動は、国のみならず、地方公共団体としても、地域の実情に密着した内容で行われるべきである。

そのほか、ヘイトスピーチをなくすための基礎的な情報提供も啓発として重要である。例えば、法務省ウェブサイト内に、解消法と附帯決議、委員会勧告に加え、①参議院法務委員会決議および両院法務委員会審議録、②人種差別撤廃委員会の一般的勧告、ラバト行動計画、国連マイノリティ問題特別報告者のヘイトスピーチ問題に関する報告書（2015年。IMADRウェブサイト参照）などの関連する国際人権基準、③これまでの人種差別に関連する条例・指針・施策などの地方での取組み、④関連判例ならびに法務局および地方公共団体が受けてきた差別相談事例、⑤各国の反人種差別法などを掲載すべきだろう。特に、各地でバラバラにこれまで行われてきたヘイトスピーチを含む人種差別をなくす取組みについて、法務省人権擁護局のウェブサイトを見ればすべてわかるようにすることは有意義である。

最後に、法務局はこれまで不特定の人に向けられたヘイトスピーチについて法的根拠がないとして扱ってこなかったが、解消法により「許されない」こととなったのだから、人権相談、人権救済手続きにおいても啓発活動として積極的に取り組むべきである。

[師岡康子]

Q34 解消法を実効化するために、附則の「見直し規定」をどのように活用すべきか？

解消法は、附則2項に「不当な差別的言動に係る取組については、この法律の施行後における本邦外出身者に対する不当な差別的言動の実態等を勘案し、必要に応じ、検討が加えられるものとする」としている。この「見直し規定」は、参議院法務委員会の与野党協議で設けられたものである。

見直し規定は他の多くの法律でも同様で、例えば出入国管理及び難民認定法の附則では、施行後3年、すなわち2015年7月を目途として施行状況を検証し見直すことが定められている。また、障害者差別解消法(2016年4月施行)も、同様の規定を附則に置いている。ただ、解消法では、見直し時期が特定されていない。

解消法はヘイトスピーチ対策に特化され、かつ「不当な差別的言動は許されないことを宣言する」理念法であるため、具体的な制度改変・新設や、予算措置も定められていない。

しかし、これまで見てきたように解消法は、政府と地方公共団体に対して、さまざまな領域にわたる課題を提起している。そして人種差別撤廃条約2条1項によって、国および地方のすべての公の当局および機関は、人種差別を禁止し終了させる義務に従って行動するよう求められている。したがって政府と地方公共団体は、ヘイトスピーチを具体的に阻止し、相談体制や教育・啓発体制を整備するなど、多岐にわたり、かつ省庁間および担当部局間にまたがって、現行制度を全面的に見直していくことが必要なのである。

附則2項に基づく見直しにあたっては、まず第一に、制度的担保が確保されなければならない。例えば、内閣府の下に「ヘイトスピーチ解消法実効化推進連絡会議」(仮称)を設けて、法務省、総務省、文部科学省、厚生労働省、外務省、警察庁など関係省庁の担当者による協議を行うことから始めなければならない。そこには、地方公共団体からの意見や、「本邦外出身者等」および弁護士、研究者、NGOからの意見聴取の場が確保されなければならない。

また地方公共団体においても、同様の「実効化推進連絡会議」の設置が求められる。

そして解消法を実効化していくためには、関係省庁と地方公共団体は、上記の調査・協議・施策を実施するための予算措置を早急に講じることが、ぜひとも必要である。

第二に、「見直し」において重要なことは、「引き続き……実態調査……等を通じて立法事実を明らかにしていくこと」(参議院法務委員会の5月26日決議。本書90頁)が求められている国会が、上記の関係省庁と地方公共団体の調査・協議・施策状況を検証し、議論を継続していくことである。なお、「見直し」においては当然、解消法の前文および2条にある「適法に居住する」という文言を条文から削除すべきである。

第三に、解消法の「見直し」作業においては、衆議院法務委員会が「本邦外出身者に対する不当な差別的言動のほか、不当な差別的取扱いの実態の把握に努め、それらの解消に必要な施策を講ずるよう検討を行う」(附帯決議4項)と決議したことを、踏まえるべきである。すなわち、ヘイトスピーチを根絶するためには、「差別的言動」だけではなく「不当な差別的取扱い」の実態が把握されなければならない、ということである。

すでに2016年度から法務省人権擁護局による「外国人の人権状況に関する調査」が始められているが、人種的・民族的マイノリティなど「本邦外出身者等」に対する、構造化された経済的・社会的・文化的差別の実態に迫る調査が求められているのである。そのためにはまず、人種差別撤廃委員会が日本政府に繰り返し勧告しているように、関係省庁は、国籍および民族的出身別に分けられた社会的・経済的指標に関する最新データを提出できるようにしなければならない。

さらに国会は、「不当な差別的言動／差別的取扱い」の実態を踏まえて、包括的かつ基本的な差別禁止法として「人種差別撤廃基本法」の制定へと進むべきである。それは、「今般成立したヘイトスピーチ解消法は、ヘイトスピーチの解消に向けた大きな第一歩ではあるが、終着点ではない」(参議院法務委員会決議)と宣言した国会の使命なのである。

[佐藤信行]

Q35 解消法で対象とならない入居差別や就職差別などの差別的取扱いについてはどうなるのか?

　解消法が対象とするのはいわゆるヘイトスピーチであり、入居や就職、教育などでの差別的取扱いは対象に含まれていない。しかし、ヘイトスピーチの核心は「差別煽動」であり、ヘイトスピーチの増加はそうした差別的取扱いの増加につながるおそれも強いので、これについても法的な対応が急務となっている。

　解消法の目的は「本邦外出身者に対する不当な差別的言動の解消」であり、ここでいう「差別的言動」は、2条で「本邦の域外にある国又は地域の出身であることを理由として、本邦外出身者を地域社会から排除することを煽動する不当な差別的言動」のことだとされている。つまりここで念頭に置かれているのは、いわゆる「ヘイトスピーチ」であり、入居や就職、あるいは教育などにおける差別的取扱いは対象に含まれていない。

　しかし、今回成立した解消法に先立って野党議員から出された「人種等を理由とする差別の撤廃のための施策の推進に関する法律案」(ヘイトスピーチ解消法採決に先立ち否決)では、第3条で不当な差別的行為の一つとして「特定の者に対し、その者の人種等を理由とする不当な差別的取扱いをすること」が挙げられており、そこには当然、入居や就職、教育における差別的取扱いも含まれていた。また与野党どちらの法律案でもその重要な法的背景となっていた人種差別撤廃条約では、まず2条で人種差別全般についてそれを撤廃する政策をとることを求めており、人種差別の煽動について対処を求めた4条はあくまでも「各論」の一つである。

　さらに各国の法制度を見ても、ヨーロッパ諸国のようにヘイトスピーチを法的に規制する国はもちろん、アメリカのように表現の自由の観点からヘイトスピーチ規制に慎重である国でさえ、差別的取扱いについてはその禁止を明確に打ち出している。また理論的に考えても、ヘイトスピーチの核心は表現によって差別全般を煽動する点にあり、ヘイトスピーチに対して解消を求

める一方でそうした煽動によって生じる「結果」としての差別的取扱いに対して何も法的な規定がないという日本の現状は、非常にバランスが悪いものだといわざるをえない。

　さらに立法事実の観点から見ても、差別的取扱いについての立法のためのデータはすでに十分に提示されている。これについては、人種差別実態調査研究会が2016年4月に公表した「日本国内の人種差別実態に関する調査報告書」(外国人人権法連絡会のウェブサイト参照)が参考になるだろう。この報告書では、地方公共団体がこれまでに行った外国籍者に関する調査のデータのうち、特に差別関連のものを集約しているが、それによると、①「差別一般」については、設問で「差別」ということを明示した場合には50％前後、「生活上困っていること」などの設問の選択肢で差別について尋ねた場合には10％台から20％台の外国籍者が、何らかの差別を経験したと回答している。また②「住居にかかわる差別」については、設問で「差別」ということを明示した場合には10％台後半から30％台前半、「住宅で困っていること」などの設問の選択肢で差別について尋ねた場合には10％台の外国籍者が、住居にかかわる差別を経験したと答えている。さらに③「就労にかかわる差別」については、設問で「差別」ということを明示した場合には20％台、「仕事で困っていること」などの設問の選択肢で差別について尋ねた場合には10％弱の外国籍者が、就労にかかわる差別を経験したと回答している。また④「教育にかかわる差別」については、設問で「差別」ということを明示した場合には10％弱、「学校で困っていること」などの設問の選択肢で差別について尋ねた場合には10％前後の外国籍者が、教育にかかわる差別を経験したと答えている。

　法務省は2016年度に「外国人の人権状況に関する調査」を行うことを予定しており、そこにこれまで地方公共団体が行ってきたような質問項目が盛り込まれるならば、上で示した数値に近い結果が得られることが予想される。これは外国籍者に対する差別実態を初めて国レベルで明らかにした調査結果ということになるが、そうなれば当然、それを踏まえた立法が求められることになるであろう。

　　　　　　　　　　　　　　　　　　　　　　　　　　　　［明戸隆浩］

資料1

本邦外出身者に対する不当な差別的言動の解消に向けた取組の推進に関する法律《ヘイトスピーチ解消法》

（2016年6月3日公布・施行）

　我が国においては、近年、本邦の域外にある国又は地域の出身であることを理由として、適法に居住するその出身者又はその子孫を、我が国の地域社会から排除することを煽動する不当な差別的言動が行われ、その出身者又はその子孫が多大な苦痛を強いられるとともに、当該地域社会に深刻な亀裂を生じさせている。

　もとより、このような不当な差別的言動はあってはならず、こうした事態をこのまま看過することは、国際社会において我が国の占める地位に照らしても、ふさわしいものではない。

　ここに、このような不当な差別的言動は許されないことを宣言するとともに、更なる人権教育と人権啓発などを通じて、国民に周知を図り、その理解と協力を得つつ、不当な差別的言動の解消に向けた取組を推進すべく、この法律を制定する。

第1章　総則

（目的）

第1条　この法律は、本邦外出身者に対する不当な差別的言動の解消が喫緊の課題であることに鑑み、その解消に向けた取組について、基本理念を定め、及び国等の責務を明らかにするとともに、基本的施策を定め、これを推進することを目的とする。

（定義）

第2条　この法律において、「本邦外出身者に対する不当な差別的言動」とは、専ら本邦の域外にある国若しくは地域の出身である者又はその子孫であって適法に居住するもの（以下この条において「本邦外出身者」という。）に対する差別的意識を助長し又は誘発する目的で公然とその生命、身体、自由、名誉若しくは財産に危害を加える旨を告知し又は本邦外出身者を著しく侮蔑するなど、本邦の域外にある国又は地域の出身であることを理由として、本邦外出身者を地域社会から排除することを煽動する不当な差別的言動をいう。

（基本理念）

第3条　国民は、本邦外出身者に対する不当な差別的言動の解消の必要性に対する理解を深めるとともに、本邦外出身者に対する不当な差別的言動のない社会の実現に寄与するよう努めなければならない。

（国及び地方公共団体の責務）

第4条　国は、本邦外出身者に対する不当な差別的言動の解消に向けた取組に関する施策を実施するとともに、地方公共団体が実施する本邦外出身者に対する不当な差別的言動の解消に向けた取組に関する施策を推進するために必要な助言その他の措置を講ずる責務を有する。

2　地方公共団体は、本邦外出身者に対する不当な差別的言動の解消に向けた取組に関し、国との適切な役割分担を踏まえて、当該地域の実情に応じた施策を講ずるよう努めるものとする。

第2章　基本的施策

（相談体制の整備）

第5条　国は、本邦外出身者に対する不当な差別的言動に関する相談に的確に応ずるとともに、これに関する紛争の防止又は解決を図ることができるよう、必要な体制を整備するものとする。

2　地方公共団体は、国との適切な役割分担を踏まえて、当該地域の実情に応じ、本邦外出身者に対する不当な差別的言動に関する相談に的確に応ずるとともに、これに関する紛争の防止又は解決を図ることができるよ

う、必要な体制を整備するよう努めるものとする。

(教育の充実等)
第6条　国は、本邦外出身者に対する不当な差別的言動を解消するための教育活動を実施するとともに、そのために必要な取組を行うものとする。
2　地方公共団体は、国との適切な役割分担を踏まえて、当該地域の実情に応じ、本邦外出身者に対する不当な差別的言動を解消するための教育活動を実施するとともに、そのために必要な取組を行うよう努めるものとする。

(啓発活動等)
第7条　国は、本邦外出身者に対する不当な差別的言動の解消の必要性について、国民に周知し、その理解を深めることを目的とする広報その他の啓発活動を実施するとともに、そのために必要な取組を行うものとする。
2　地方公共団体は、国との適切な役割分担を踏まえて、当該地域の実情に応じ、本邦外出身者に対する不当な差別的言動の解消の必要性について、住民に周知し、その理解を深めることを目的とする広報その他の啓発活動を実施するとともに、そのために必要な取組を行うよう努めるものとする。

附則

(施行期日)
1　この法律は、公布の日から施行する。
(不当な差別的言動に係る取組についての検討)
2　不当な差別的言動に係る取組については、この法律の施行後における本邦外出身者に対する不当な差別的言動の実態等を勘案し、必要に応じ、検討が加えられるものとする。

資料2

参議院法務委員会　附帯決議
(2016年5月12日)

　国及び地方公共団体は、本邦外出身者に対する不当な差別的言動の解消が喫緊の課題であることに鑑み、本法の施行に当たり、次の事項について特段の配慮をすべきである。
一　第2条が規定する「本邦外出身者に対する不当な差別的言動」以外のものであれば、いかなる差別的言動であっても許されるとの理解は誤りであり、本法の趣旨、日本国憲法及びあらゆる形態の人種差別の撤廃に関する国際条約の精神に鑑み、適切に対処すること。
二　本邦外出身者に対する不当な差別的言動の内容や頻度は地域によって差があるものの、これが地域社会に深刻な亀裂を生じさせている地方公共団体においては、国と同様に、その解消に向けた取組に関する施策を着実に実施すること。
三　インターネットを通じて行われる本邦外出身者等に対する不当な差別的言動を助長し、又は誘発する行為の解消に向けた取組に関する施策を実施すること。

資料3

衆議院法務委員会　附帯決議
(2016年5月20日)

　国及び地方公共団体は、本法の施行に当たり次の事項について特段の配慮をすべきである。
一　本法の趣旨、日本国憲法及びあらゆる形態の人種差別の撤廃に関する国際条約の精神に照らし、第2条が規定する「本邦外出身

者に対する不当な差別的言動」以外のものであれば、いかなる差別的言動であっても許されるとの理解は誤りであるとの基本的認識の下、適切に対処すること。
二　本邦外出身者に対する不当な差別的言動が地域社会に深刻な亀裂を生じさせている地方公共団体においては、その内容や頻度の地域差に適切に応じ、国とともに、その解消に向けた取組に関する施策を着実に実施すること。
三　インターネットを通じて行われる本邦外出身者等に対する不当な差別的言動を助長し、又は誘発する行為の解消に向けた取組に関する施策を実施すること。
四　本邦外出身者に対する不当な差別的言動のほか、不当な差別的取扱いの実態の把握に努め、それらの解消に必要な施策を講ずるよう検討を行うこと。

資料4

参議院法務委員会「ヘイトスピーチの解消に関する決議」
（2016年5月26日）

「ヘイトスピーチ、許さない。」
　ヘイトスピーチ解消の啓発活動のために法務省が作成したポスターは力強くそう宣言する。
　従来、特定の民族や国籍など本人の意思では変更困難な属性を根拠に、その者たちを地域社会ひいては日本社会から排除しようという言動であるヘイトスピーチについて、それが不特定多数に向けられたものの場合、法律の立場は明確ではなかった。
　しかし、個人の尊厳を著しく害し地域社会の分断を図るかかる言論は、決して許されるものではない。このため、本委員会において、ヘイトスピーチによって被害を受けている方々の集住地区の視察などをも踏まえて真摯な議論を重ねた結果、本邦外出身者に対する不当な差別的言動の解消に向けた取組の推進に関する法律、いわゆる「ヘイトスピーチ解消法」が、5月12日に本委員会で全会一致、13日の本会議において賛成多数で可決され、24日の衆議院本会議において可決・成立した。同法は、国連の自由権規約委員会、人種差別撤廃委員会などからの要請をも踏まえたものである。
　平成32年［2020年］の東京オリンピック・パラリンピックに向けた共生社会の実現のためにも、ヘイトスピーチの解消に向けて取り組むことは、党派を超えた喫緊の重要課題である。今般成立したヘイトスピーチ解消法は、ヘイトスピーチの解消に向けた大きな第一歩ではあるが、終着点ではない。引き続き、法務省の「外国人の人権状況に関する調査」を始めとする実態調査や国会における議論等を通じて立法事実を明らかにしていくことが、私たちに課せられた使命である。
　全国で今も続くヘイトスピーチは、いわゆる在日コリアンだけでなく、難民申請者、オーバーステイ、アイヌ民族に対するものなど多岐にわたっている。私たちは、あらゆる人間の尊厳が踏みにじられることを決して許すことはできない。
　よって、私たちは、ヘイトスピーチ解消及び被害者の真の救済に向け、差別のない社会を目指して不断の努力を積み重ねていくことを、ここに宣言する。

資料5

あらゆる形態の人種差別の撤廃に関する国際条約《人種差別撤廃条約》（抄）

第1条　この条約において、「人種差別」とは、人種、皮膚の色、世系又は民族的若しくは種族的出身に基づくあらゆる区別、排除、制

限又は優先であって、政治的、経済的、社会的、文化的その他のあらゆる公的生活の分野における平等の立場での人権及び基本的自由を認識し、享有し又は行使することを妨げ又は害する目的又は効果を有するものをいう。

2 この条約は、締約国が市民と市民でない者との間に設ける区別、排除、制限又は優先については、適用しない。

3 この条約のいかなる規定も、国籍、市民権又は帰化に関する締約国の法規に何ら影響を及ぼすものと解してはならない。ただし、これらに関する法規は、いかなる特定の民族に対しても差別を設けていないことを条件とする。

4 人権及び基本的自由の平等な享有又は行使を確保するため、保護を必要としている特定の人種若しくは種族の集団又は個人の適切な進歩を確保することのみを目的として、必要に応じてとられる特別措置は、人種差別とみなさない。ただし、この特別措置は、その結果として、異なる人種の集団に対して別個の権利を維持することとなってはならず、また、その目的が達成された後は継続してはならない。

第2条 締約国は、人種差別を非難し、また、あらゆる形態の人種差別を撤廃する政策及びあらゆる人種間の理解を促進する政策をすべての適当な方法により遅滞なくとることを約束する。このため、
 (a) 各締約国は、個人、集団又は団体に対する人種差別の行為又は慣行に従事しないこと並びに国及び地方のすべての公の当局及び機関がこの義務に従って行動するよう確保することを約束する。
 (b) 各締約国は、いかなる個人又は団体による人種差別も後援せず、擁護せず又は支持しないことを約束する。
 (c) 各締約国は、政府(国及び地方)の政策を再検討し及び人種差別を生じさせ又は永続化させる効果を有するいかなる法令も改正し、廃止し又は無効にするために効果的な措置をとる。
 (d) 各締約国は、すべての適当な方法(状況により必要とされるときは、立法を含む。)により、いかなる個人、集団又は団体による人種差別も禁止し、終了させる。
 (e) 各締約国は、適当なときは、人種間の融和を目的とし、かつ、複数の人種で構成される団体及び運動を支援し並びに人種間の障壁を撤廃する他の方法を奨励すること並びに人種間の分断を強化するようないかなる動きも抑制することを約束する。

2 締約国は、状況により正当とされる場合には、特定の人種の集団又はこれに属する個人に対し人権及び基本的自由の十分かつ平等な享有を保障するため、社会的、経済的、文化的その他の分野において、当該人種の集団又は個人の適切な発展及び保護を確保するための特別かつ具体的な措置をとる。この措置は、いかなる場合においても、その目的が達成された後、その結果として、異なる人種の集団に対して不平等な又は別個の権利を維持することとなってはならない。

第3条 締約国は、特に、人種隔離及びアパルトヘイトを非難し、また、自国の管轄の下にある領域におけるこの種のすべての慣行を防止し、禁止し及び根絶することを約束する。

第4条 締約国は、一の人種の優越性若しくは一の皮膚の色若しくは種族的出身の人の集団の優越性の思想若しくは理論に基づくあらゆる宣伝及び団体又は人種的憎悪及び人種差別(形態のいかんを問わない。)を正当化し若しくは助長することを企てるあらゆる宣伝及び団体を非難し、また、このような差別のあらゆる扇動又は行為を根絶することを目的とする迅速かつ積極的な措置をとることを約束する。このため、締約国は、世界人権

宣言に具現された原則及び次条に明示的に定める権利に十分な考慮を払って、特に次のことを行う。

(a) 人種的優越又は憎悪に基づく思想のあらゆる流布、人種差別の扇動、いかなる人種若しくは皮膚の色若しくは種族的出身を異にする人の集団に対するものであるかを問わずすべての暴力行為又はその行為の扇動及び人種主義に基づく活動に対する資金援助を含むいかなる援助の提供も、法律で処罰すべき犯罪であることを宣言すること。

(b) 人種差別を助長し及び扇動する団体及び組織的宣伝活動その他のすべての宣伝活動を違法であるとして禁止するものとし、このような団体又は活動への参加が法律で処罰すべき犯罪であることを認めること。

(c) 国又は地方の公の当局又は機関が人種差別を助長し又は扇動することを認めないこと。

第5条 第2条に定める基本的義務に従い、締約国は、特に次の権利の享有に当たり、あらゆる形態の人種差別を禁止し及び撤廃すること並びに人種、皮膚の色又は民族的若しくは種族的出身による差別なしに、すべての者が法律の前に平等であるという権利を保障することを約束する。

(a) 裁判所その他のすべての裁判及び審判を行う機関の前での平等な取扱いについての権利

(b) 暴力又は傷害(公務員によって加えられるものであるかいかなる個人、集団又は団体によって加えられるものであるかを問わない。)に対する身体の安全及び国家による保護についての権利

(c) 政治的権利、特に普通かつ平等の選挙権に基づく選挙に投票及び立候補によって参加し、国政及びすべての段階における政治に参与し並びに公務に平等に携わる権利

(d) 他の市民的権利、特に、
  (i) 国境内における移動及び居住の自由についての権利
  (ii) いずれの国(自国を含む。)からも離れ及び自国に戻る権利
  (iii) 国籍についての権利
  (iv) 婚姻及び配偶者の選択についての権利
  (v) 単独で及び他の者と共同して財産を所有する権利
  (vi) 相続する権利
  (vii) 思想、良心及び宗教の自由についての権利
  (viii) 意見及び表現の自由についての権利
  (ix) 平和的な集会及び結社の自由についての権利

(e) 経済的、社会的及び文化的権利、特に、
  (i) 労働、職業の自由な選択、公正かつ良好な労働条件、失業に対する保護、同一の労働についての同一報酬及び公正かつ良好な報酬についての権利
  (ii) 労働組合を結成し及びこれに加入する権利
  (iii) 住居についての権利
  (iv) 公衆の健康、医療、社会保障及び社会的サービスについての権利
  (v) 教育及び訓練についての権利
  (vi) 文化的な活動への平等な参加についての権利

(f) 輸送機関、ホテル、飲食店、喫茶店、劇場、公園等一般公衆の使用を目的とするあらゆる場所又はサービスを利用する権利

第6条 締約国は、自国の管轄の下にあるすべての者に対し、権限のある自国の裁判所及び他の国家機関を通じて、この条約に反して人権及び基本的自由を侵害するあらゆる人種差別の行為に対する効果的な保護及

び救済措置を確保し、並びにその差別の結果として被ったあらゆる損害に対し、公正かつ適正な賠償又は救済を当該裁判所に求める権利を確保する。

第7条 締約国は、人種差別につながる偏見と戦い、諸国民の間及び人種又は種族の集団の間の理解、寛容及び友好を促進し並びに国際連合憲章、世界人権宣言、あらゆる形態の人種差別の撤廃に関する国際連合宣言及びこの条約の目的及び原則を普及させるため、特に教授、教育、文化及び情報の分野において、迅速かつ効果的な措置をとることを約束する。

資料6

人種差別撤廃委員会 一般的勧告35「人種主義的ヘイトスピーチと闘う」(抄)
(2013年9月26日)

I. 序文

1. 2. 省略
3. 委員会が本勧告作成にあたって考慮したのは、人種主義的ヘイトスピーチとの闘いにおける長きにわたる委員会の実務であり、そのために、本条約が規定する全手続きを活用した。また、委員会が強調するのは、人種主義的ヘイトスピーチがその後の大規模人権侵害およびジェノサイドにつながってゆくということであり、紛争状況においても大きな役割を果たすということである。ヘイトスピーチをとりあげた委員会の主な一般的勧告として、(中略)などがある。人種主義的ヘイトスピーチという問題に直接間接に関係する勧告が多いことには理由がある。条約のあらゆる規範と手続きを動員しないことには、人種主義的ヘイトスピーチとの効果的な闘いができないからである。

4. 本条約を生きた文書として実施するために、委員会は、より広い意味での人権に取り組んできたが、このことは、条約自体が認めていることである。たとえば、表現の自由の範囲を評価するにあたって思い起こされることは、この権利が、本条約以外のところで規定されているということだけではなく、本条約に取り入れられているということである。すなわち、本条約の諸原則は、現代国際人権法において何がこの権利の性質を決定しているのかをよく理解することに役立つものである。実際、委員会はヘイトスピーチと闘う作業に表現の自由の権利も取り入れ、この権利の不遵守があればそれを指摘し、この問題に関する他の人権機関による作業も参照している。

II. 人種主義的ヘイトスピーチ

5. 本条約の起草者らは、スピーチが人種的憎悪と差別の風潮を生み出すおそれについて認識していたので、スピーチが実際に生み出した危険について詳しく検討してきた。人種主義は本条約前文において、「人種主義に基づく理論及び慣行」という文脈でしか言及されていないが、それでも、第4条の人種の優越性の思想の流布に対する非難と密接に関係している。「ヘイトスピーチ」という用語は本条約において明示的に使用されてはいないものの、そのことによって、委員会がヘイトスピーチの現象を明らかにして、ヘイトスピーチと呼び、スピーチの行為と本条約の基準の関係を考察することが妨げられるものではない。本勧告は、条約規定全体に焦点を当てることにより、ヘイトスピーチとなる表現形式とは何なのかを明らかにするものである。

6. 委員会の実務の中で取りあげた人種主義的ヘイトスピーチとしてまず挙げられるのは、第4条が規定するすべての表現形式であり、

第1条が認める集団を対象にしたものである。第1条は、人種、皮膚の色、世系または民族的もしくは種族的出身に基づく差別を禁止しているので、たとえば、先住民族、世系に基づく集団、ならびに、移住者または市民でない者の集団が対象となる。移住者または市民でない者の集団には、移住家事労働者、難民および庇護申請者が含まれる。人種主義的ヘイトスピーチとして次に挙げられるのは、上記集団の女性および他の脆弱な集団の女性に対して向けられたスピーチである。さらに、委員会は、インターセクショナリティ（交差性）の原則を考慮し、「宗教指導者に対する批判や宗教の教義に対する意見」は禁止も処罰もされるべきではないことを認めつつも、多数派とは異なる宗教を信仰または実践する特定の種族的集団に属する人びとに向けられたヘイトスピーチにも注目してきた。イスラム嫌悪、反ユダヤ主義、種族宗教的集団に対する類似した他の憎悪表現などがその例であるが、さらには、ジェノサイドやテロリズムの扇動といった極端な憎悪表現もある。また、保護される集団の構成員に対するステレオタイプ化やスティグマの押しつけも、委員会が採択した懸念の表明や勧告の対象となっている。

7. 人種主義的ヘイトスピーチが取る形態は多様であり、明白に人種に言及するものだけに限られない。第1条に基づく差別の場合のように、特定の人種または種族的集団に対する攻撃のスピーチは、その対象や目的を隠ぺいするために間接的な表現を用いることもある。締約国は本条約の義務に従って、いかなる形態の人種主義的ヘイトスピーチにも十分な考慮を払い、それらと闘うために効果的な措置を取るべきである。この勧告の諸原則が適用される人種主義的ヘイトスピーチは、それが、個人から発されたものか、集団から発せられたものかという出所とも、口頭か文書か、インターネットやソーシャル・ネットワーキング・サイトのような電子メディアによるものかという形態とも関わりない。スポーツイベントのような公衆の集まりで、人種主義的なシンボルやイメージや態度を示すといった非言語的表現形態も含まれるのである。

Ⅲ. 本条約の根拠

8. ヘイトスピーチ行為を認定し、それに対して闘うことは、あらゆる形態の人種差別の撤廃に専念する本条約の目的の達成にとって不可欠である。ヘイトスピーチとの闘いにおいて本条約第4条が主要な手段として機能してきたが、本条約のその他の条項も目的の達成のために独自の貢献をしてきた。第4条の「十分な考慮」の文言は第5条と結びつくことによって、意見と表現の自由をはじめとする諸権利を人種差別を受けることなく享有するという、法のもとの平等の権利を保障している。第7条は多民族間の相互理解と寛容を促進する上で「教授、教育、文化及び情報」の果たす役割を強調している。第2条には締約国の人種差別を撤廃するという約束が含まれるが、その義務は第2条1(d)において最も広く表現されている。第6条は人種差別の被害者に効果的な保護と救済措置を確保すること、および受けた損害に対して「公正かつ適正な賠償又は救済」を求める権利を確保することに焦点を当てている。この勧告は主に本条約の第4条、第5条および第7条に焦点を当てている。

9. 最低限やらなくてはならないのは、人種差別を禁止する、民法、行政法、刑法にまたがる、包括立法の制定であり、これは、ヘイトスピーチに対して効果的に闘うために不可欠である。このことはさらなる措置をとることを妨げない。

第4条

10. 第4条の冒頭は、扇動と差別を根絶するた

めに「迅速かつ積極的な措置」をとる義務を明記し、ヘイトスピーチの根絶のために最大限の資源を投入することを求める他の条約規定の義務を補完し強化している。「本条約における特別措置の意味と範囲に関する一般的勧告32（2009）」において、委員会は、「措置」には「立法、行政、管理、予算、および規制に関するあらゆる文書、……ならびに計画、政策、プログラムや……制度」が含まれることを明らかにした。委員会は第4条の義務的性質を想起するとともに、本条約の採択時において第4条が「人種差別に対する取り組みの中心と考えられていた」ことを指摘したが、その評価は委員会の実務の中で維持されている。第4条はスピーチおよびスピーチの発生の組織的文脈に関する要素を含み、ヘイトスピーチの予防および抑止の機能を持ち、また抑止が働かなかった場合の制裁を提供している。また、この条項には、別の明白な機能がある。人種主義的ヘイトスピーチは、人権原則の核心である人間の尊厳と平等を否定し、個人や特定の集団の社会的評価を貶めるべく、他者に向けられる形態のスピーチとして、国際社会が非難しているのだということを強調する機能である。

11．冒頭とパラグラフ(a)において、「優越性の思想若しくは理論」または「人種的優越又は憎悪」のそれぞれに関して、「基づく（based on）」という表現が、本条約が非難するスピーチを特徴づけるために使われている。この用語は委員会によって、第1条の「〜を理由とする（on the grounds of）」と同様の意味であると理解され、原則として第4条にとっても同じ意味を有している。人種的優越思想の流布に関する規定は、本条約の予防的機能の明確な表現であり、扇動に関する規定への重要な補完である。

12．委員会は、人種主義的表現形態を犯罪とするにあたっては重大なものに留めるべきであり、合理的な疑いの余地がないところまで立証されなければならないことを勧告する。一方、比較的重大でない事例に対しては、とりわけ標的とされた個人や集団への影響の性質および程度を考慮して、刑法以外の措置で対処すべきであると勧告する。刑事処罰の適用は罪刑法定主義、均衡性および必要性の原則に則ってなされるべきである。

13．第4条は自動執行性を有していないため、締約国は規定の要件に従って、本条の人種主義的ヘイトスピーチと闘う立法を採択することを求められる。本条約規定、ならびに、一般的勧告15（1993）の原則およびこの勧告の原則に照らして、委員会は、締約国が以下について法律により処罰することのできる犯罪であると宣言し、効果的に処罰するよう勧告する。

(a) あらゆる手段による、あらゆる人種主義的または種族的優越性または憎悪に基づく思想の流布。

(b) 人種、皮膚の色、世系、民族的または種族的出身に基づく特定の集団に対する憎悪、侮辱、差別の扇動。

(c) (b)の根拠に基づく個人または集団に対する暴力の扇動及び威嚇。

(d) 上記(b)の根拠に基づく個人または集団に対する軽蔑、愚弄若しくは中傷、または憎悪、侮辱若しくは差別の正当化の表現が、明らかに憎悪または差別の扇動となる場合。

(e) 人種差別を扇動及び助長する団体や活動に参加すること。

14．委員会は、国際法によって定義されるジェノサイドや人道に対する罪を公に否定したり、それらを正当化しようとする試みが、人種主義的暴力や憎悪の扇動を構成することが明らかな場合には、法律によって処罰しうる犯罪として宣言されるべきだと勧告する。一方、委員会は、「歴史的事実に対する意見の表

明」は禁止または処罰されるべきではないことも強調する。

15. 第4条は特定の形態の行為を法律により処罰されうる犯罪であると宣言することを要求しているが、その条項は犯罪行為とされる行為の形態に関する条件の詳細な指針は提供していない。法律により処罰されうる流布や扇動の条件として、委員会は以下の文脈的要素が考慮されるべきであると考える。

   スピーチの内容と形態：スピーチが挑発的かつ直接的か、どのような形態でスピーチが作られ広められ、どのような様式で発せられたか。

   経済的、社会的および政治的風潮：先住民族を含む種族的またはその他の集団に対する差別の傾向を含むスピーチが行われ流布された時に、一般的であった経済的、社会的および政治的風潮。ある文脈において無害または中立である言説であっても、他の文脈では危険な意味をもつおそれがある。委員会は、ジェノサイドに関する指標において、人種主義的ヘイトスピーチの意味および潜在的効果を評価する際に地域性が関連することを強調した。

   発言者の立場または地位：社会における発言者の立場または地位およびスピーチが向けられた聴衆。委員会は、本条約が保護する集団に対して否定的な風潮をつくりだす政治家および他の世論形成者の役割に常に注意を喚起しており、そのような人や団体に異文化間理解と調和の促進に向けた積極的アプローチをとるよう促してきた。委員会は、政治問題における言論の自由の特段の重要性を認めるが、その行使に特段の義務と責任が伴うことも認識している。

   スピーチの範囲：たとえば、聴衆の性質や伝達の手段。すなわち、スピーチが主要メディアを通して伝えられているのかインターネットを通して伝えられているのか、そして、特に発言の反復が種族的および人種的集団に対する敵意を生じさせる意図的な戦略の存在を示唆する場合、コミュニケーションの頻度および範囲。

   スピーチの目的：個人や集団の人権を保護または擁護するスピーチは刑事罰またはその他の処罰の対象とされるべきでない。

16. 扇動とは、特徴として、他の人に、唱導や威嚇を通して、犯罪の遂行を含む特定の形態の行為を行うよう影響を及ぼすことを目的としている。扇動は、言葉によるほか、人種主義的シンボルの掲示や資料の配布などの行為を通して、明示的もしくは暗示的に行われうる。未完成の犯罪としての扇動の概念は、扇動によって実際に行動が惹起されることまでは要求しないが、第4条に言及される扇動の形態を規制するにあたっては、締約国は、扇動罪の重要な要素として上記パラグラフ14にあげられた考慮事項に加えて、発言者の意図、そして発言者により望まれまたは意図された行為がそのスピーチにより生じる差し迫った危険または蓋然性を考慮に入れるべきである。これらの考慮はパラグラフ13にあげられた他の犯罪についてもあてはまる。

17. 委員会は、第4条における行為の形態が犯罪であると宣言するだけでは十分でなく、また条項の規定が効果的に実施されなければならないことを繰り返す。効果的な実施とは、特徴として、本条約にあげられる犯罪の捜査、適切な場合には加害者を訴追することによって達成できる。委員会は、加害者とされた者の訴追における（起訴）便宜主義の原則と、その原則が個々の事例に対して本条約とその他の国際法上の文書における保障に照らして適用されなければならないことを認識している。この点および本条約のもとの他の観点において、委員会は、国内当局

の行った事実および国内法の解釈について見直すことは、その決定が明白に理不尽もしくは不合理でない限り、その機能ではないことを想起する。

18．個々の事例の事実と法的条件が国際人権基準にそって評価されることを確保するためには、独立した、中立的で十分な情報をもった司法機関が極めて重要である。この点において、司法制度は人権の伸長と保護のための国内機関の地位に関する原則（パリ原則）に沿った国内人権機関によって補完されるべきである。

19．第4条は、扇動と差別を根絶するための措置が、世界人権宣言の原則と本条約の第5条に明記された人権に十分な考慮を払い、とられなければならないことを要求する。「十分な考慮」の文言は、犯罪化と適用に際して、および、第4条の他の要件を充足する際に、意思決定の過程において、世界人権宣言の原則と第5条の人権に適切な比重が置かれなければならないことを意味している。「十分な考慮」の文言は委員会によって、意見と表現の自由に限らず、人権全体について適用されると解釈されてきたが、意見と表現の自由はスピーチの制限の正当性を検討するにあたって最も該当する原則であることを念頭に入れるべきである。

20．委員会は、表現の自由に対する広範または曖昧な制限が、本条約によって保護される集団に不利益をもたらすよう使われてきたことに懸念を表す。締約国は、この勧告に述べられたように本条約の基準に沿って、十分な正確性をもってスピーチの制限を規定すべきである。委員会は、人種主義的スピーチをモニターし、それと闘う措置が、不公正に対する抗議や社会の不満や反対の表現を抑圧する口実のために使われてはならないことを強調する。

21．委員会は、第4条(b)によって、人種差別を助長し扇動する人種主義的団体は違法と宣言され禁止されねばならないことを強調する。委員会は「組織的宣伝活動」とは、即席の団体やネットワークを意味し、「その他のすべての宣伝活動」とは、人種差別の非組織的または即興の助長または扇動をさすと考える。

22．公の当局または機関に関する第4条(c)のもとにおいて、そのような当局または機関から発せられる人種主義的表現、特に上級の公人によるものとされる発言を、委員会は特に懸念すべきものと判断する。公人および公人でない者に適用される第4条(a)および(b)のサブ・パラグラフにあげられる犯罪の適用を妨げるものではないが、冒頭に言及される「迅速かつ積極的な措置」は、適切な場合は、職務から解くことなどの懲戒的な措置、ならびに被害者への効果的な救済をさらに含みうる。

23．委員会は、通常の職務として、本条約に留保を付している締約国がそれを撤回するよう勧告している。人種主義的スピーチに関する本条約の規定に不利益な影響を及ぼしている留保が維持されている場合、締約国は、なぜその留保が必要と考えるのか、留保の性質と範囲、国内法および政策への正確な影響および一定の時間枠で留保を撤回または制限する計画に関する情報を提供することを要請される。

第5条

24．本条約第5条は、締約国が人種差別を禁止して撤廃し、人種、皮膚の色あるいは民族的または種族的出身の区別なく、すべての人の法の前での平等の権利、とりわけ、思想、良心および信教の自由、意見および表現の自由、そして平和的集会および結社の自由を含む、市民的、政治的、経済的、社会的および文化的権利の享有における平等の権利を保障する義務を謳うものである。

25．委員会は、学術的議論、政治的関与ある

いは類似した活動において、憎悪、侮辱、暴力あるいは差別の扇動を伴わずに行われる思想および意見の表明は、たとえそのような思想が議論を呼ぶものであれ、表現の自由の権利の合法的行使としてみなされるべきであると考える。

26. 第5条以外にも、意見と表現の自由は、幅広い国際文書において、基本的権利として認められている。そのひとつに世界人権宣言があるが、これは、すべて人は意見および表現の自由に対する権利を有し、その権利は、干渉を受けることなく自己の意見をもつ自由並びにあらゆる手段により、また、国境を越えると否とにかかわりなく、情報および思想を求め、受け、および伝える自由を含むことを認めている。しかし、表現の自由への権利は無制限ではなく、特別な義務と責任を伴う。つまり、従うべき制限があるのである。とはいえ、その制限は法律によって規定されねばならず、他者の権利若しくは名誉の保護、国の安全、公序、公衆衛生または公衆道徳の保護のために必要とされるものでなくてはならない。表現の自由は、他者の権利と自由の破壊を意図するものであってはならず、そこでいう他者の権利には、平等および非差別の権利が含まれるのである。

27. ダーバン宣言と行動計画およびダーバンレビュー会議の成果文書は、人種憎悪と闘う上での意見と表現の自由の権利が果たす肯定的役割を確認している。

28. 意見と表現の自由は、他の権利および自由の行使の土台を支え保障するものであるというだけでなく、本条約の文脈において格別な重要性を持っている。人種主義的ヘイトスピーチから人びとを保護するということは、一方に表現の自由の権利を置き、他方に集団保護のための権利制限を置くといった単純な対立ではない。すなわち、本条約による保護を受ける権利を持つ個人および集団にも、表現の自由の権利と、その権利の行使において人種差別をうけない権利がある。ところが、人種主義的ヘイトスピーチは、犠牲者から自由なスピーチを奪いかねないのである。

29. 表現の自由は、人権を主張するためにも、市民的、政治的、経済的、社会的および文化的権利を享有している状態とはどのようなものなのかを人びとに知らせるためにも、欠かせないものなので、脆弱な集団が社会の諸集団の間の力の均衡を是正するために役に立つ。さらに、表現の自由によって異文化理解と寛容が促進され、人種的ステレオタイプの解体が推し進められ、意見の自由な交換が促され、別の考え方や反対の考え方が獲得されるのである。よって、締約国は、本条約の範囲内にあるすべての集団が、表現の自由の権利を行使できるような政策を取り入れるべきである。

第7条

30. 本条約第4条は、一方で、人種主義思想の流布に関する規定によって、人種主義思想の流布を"上流"で食い止めるものであり、他方で、扇動に関する規定によって、それらの"下流"における効果に対処するものである。これに対して、第7条はヘイトスピーチの根本的原因に取りくみ、第2条(1)(d)が想定する人種差別の撤廃に"適当な方法"をさらに詳しく説明している。第7条の重要性は、年月が経とうと衰えるものではない。つまり、第7条が提示する人種差別撤廃のための広範な教育的アプローチは、人種差別と闘うその他のアプローチを補足する欠くべからず方法である。人種主義はとりわけ洗脳や不適切な教育の産物と言うことができるので、寛容の教育および反論のスピーチは、特に人種主義的ヘイトスピーチに対する効果的対抗手段として機能しうる。

31. 第7条にしたがって、締約国は、とりわけ教授、教育、文化および情報の分野におい

て、迅速かつ効果的措置を取ることを約束している。その目的は、人種差別につながる偏見と闘うこと、民族、人種あるいは種族集団間の理解、寛容および友情を促進すること、普遍的人権原則を広めること、とりわけ、本条約に含まれる普遍的人権原則を広めることである。第7条は本条約の他の規定と同様に義務的な言葉で表現されており、"教授、教育、文化および情報"とされている活動領域も、条約義務が課される活動の領域を余すところなく表しているわけではない。

32. 締約国の学校制度は、人権に関する情報やものの見方を広めるにあたって重要な出発点である。学校のカリキュラム、教科書および教材は人権のテーマを含むべきであり、国家間および人種と種族グループ間の相互の尊重と寛容の促進を目的にするべきである。

33. 第7条の要件に沿った適切な教育戦略には、尊重と尊厳の平等および真正な相互関係に基づいて、十分な人的および経済的資源に支えられた、異文化間のバイリンガル教育を含む異文化間教育が含まれる。異文化間教育のプログラムは公正な利益をバランス良く反映すべきであり、意図であれ結果であれ、同化の手段として機能させてはならない。

34. 教育分野において、締約国内の先住民族やアフリカ系住民を含む「人種または民族」27集団の歴史、文化および伝統に関する知識を奨励する措置が取られるべきである。教材は、相互理解と尊重の促進のために、すべての集団が、国の独自性を社会的、経済的および文化的な面で豊かにしてきたこと、ならびに、国の経済的社会的進歩に貢献してきたことを強調すべきである。

35. 民族間の理解を促進するためには、均衡のとれた客観的な歴史表現が重要であるので、過去に特定の集団に対する残虐行為があった場合、状況に応じて追悼記念日やその他の公式行事を開催することによって、そのような人類の悲劇を追悼したり、紛争解決の実現を祝うことが望ましい。真実和解委員会も、人種憎悪の存続を阻止し、民族間に寛容の風土を醸成する上で、重要な役割を果たしうる。

36. 人種主義的ヘイトスピーチによる被害に注意を喚起するための情報キャンペーンおよび教育政策は、広く一般の人びとを取り込むことが望ましい。すなわち、宗教団体およびコミュニティ団体を含む市民社会、議員およびその他の政治家、教育専門家、行政職員、警察および公共の秩序を預かるその他の機関、および裁判官を含む司法関係者である。委員会は、人権保護における法執行官の訓練に関する一般的勧告13（1993）と刑事司法制度の運営および機能における人種差別の防止に関する一般的勧告35（2005）に締約国の注意を喚起する。いかなる場合も、意見と表現の自由を保護する国際規範、ヘイトスピーチからの保護を規定する国際規範を知ることが、大変重要だからである。

37. 上級の公人がヘイトスピーチを断固として拒否し、表明された憎悪に満ちた思想を非難すれば、それは、寛容と尊重の文化の促進に重要な役割を果たすことになる。教育的方法と同様に有効なのは、異文化間対話の促進を、文化としての開かれた議論と制度的対話手段をとおして行うことであり、さらには、社会のあらゆる場面で機会均等を促進することであり、これらは、積極的に奨励されるべきである。

38. 人種主義的ヘイトスピーチと闘うための文化や情報における戦略が、体系的なデータ収集と分析にもとづいて打ち立てられるよう、委員会は勧告する。それによって、ヘイトスピーチが出現する状況、スピーチの相手側または対象となる聴衆、伝達手段、ヘイトメッセージに対するメディアの反応を分析するためである。この分野で国際協力することによっ

て、データ比較の可能性が高まるばかりでなく、国境を越えたヘイトスピーチと闘うための知識と手段も増えるからである。

39. 情報に通じた倫理的で客観的なメディアには、ソーシャルメディアやインターネットも含まれるが、それらには、思想や意見を流布する責任を奨励する上で、重要な役割がある。締約国は、国際基準に沿ってメディアを対象とした適切な法律を整備することに加え、公共および民間メディアに対して、本条約の原則とその他の基本的な人権基準の尊重を取り入れた職業倫理規範および報道規範を採用するよう奨励すべきである。

40. 本条約第1条の対象である種族集団、先住民族集団およびその他の集団が、メディアに登場する際には、尊重と公平の原則に基づくべきであり、ステレオタイプ化を避けるべきである。メディアは、不寛容を促すような方法で、人種、種族、宗教およびその他の集団の特徴への不必要な言及を避けるべきである。

41. メディア多元主義を奨励すること、とりわけ、本条約にあてはまるマイノリティ、先住民族およびその他の集団が、自分たちの言語で、メディアを利用し所有するよう促進することが、本条約の諸原則をもっともよく活かすことにつながるのである。メディア多元主義を通した地域のエンパワメントは、人種主義的ヘイトスピーチに対抗するスピーチの出現を容易にする。

42. 委員会は、ダーバン宣言と行動計画が強調しているように、インターネット・サービスプロバイダー（ISP）による自主規制と倫理規範の順守を奨励する。

43. 委員会は、締約国に、あらゆるスポーツ分野において人種主義を根絶するためにスポーツ協会と協力するよう奨励する。

44. 特に本条約に関連して、締約国は本条約の基準と手続きに関する知識を普及させ、公務員、裁判官および法執行官など、とりわけその実施に関係のある人びとに対して関連したトレーニングを提供すべきである。締約国の報告書審査の終結時における委員会の総括所見と、第14条の個人通報手続きのもとでの委員会の意見は、公用語およびその他一般的に使用されている言語で、広く利用できるようにするべきである。

IV．総括

45. 人種主義的ヘイトスピーチを禁止することと、表現の自由が進展することとの間にある関係は、相互補完的なものとみなされるべきであり、一方の優先がもう一方の減少になるようなゼロサムゲームとみなされるべきではない。平等および差別からの自由の権利と、表現の自由の権利は相互に支えあう人権として、法律、政策および実務に十分に反映されるべきである。

46. 世界のさまざまな地域にヘイトスピーチが蔓延してゆくことは、人権への重大な現代的挑戦であることに変わりない。ひとつの国が本条約全体を誠実に実施するということは、ヘイトスピーチ現象に対抗するより広範な世界的取り組みの一部をなすものなのであり、不寛容と憎悪から解放された社会ビジョンを生きた現実として実現しよう、普遍的人権を尊重する文化を促進しようという、最もすばらしい希望を表現していることなのである。

47. 締約国が、人種主義的ヘイトスピーチと闘う法律および政策を推し進めるために、目標と監視手続きを設置することがたいへん重要であると、委員会は考える。締約国は、人種主義的ヘイトスピーチへの対抗措置を、対人種主義国内行動計画、統合戦略および国内人権計画とプログラムに含むよう要請される。

資料7

市民的及び政治的権利に関する国際規約《自由権規約》(抄)

第19条　すべての者は、干渉されることなく意見を持つ権利を有する。
2　すべての者は、表現の自由についての権利を有する。この権利には、口頭、手書き若しくは印刷、芸術の形態又は自ら選択する他の方法により、国境とのかかわりなく、あらゆる種類の情報及び考えを求め、受け及び伝える自由を含む。
3　2の権利の行使には、特別の義務及び責任を伴う。したがって、この権利の行使については、一定の制限を課すことができる。ただし、その制限は、法律によって定められ、かつ、次の目的のために必要とされるものに限る。
　(a)　他の者の権利又は信用の尊重
　(b)　国の安全、公の秩序又は公衆の健康若しくは道徳の保護
第20条　戦争のためのいかなる宣伝も、法律で禁止する。
2　差別、敵意又は暴力の扇動となる国民的、人種的又は宗教的憎悪の唱道は、法律で禁止する。

資料8

本邦外出身者に対する不当な差別的言動の解消に向けた取組の推進に関する法律の施行について(通達)
(2016年6月3日)

各都道府県警察の長　殿

警察庁警備局長
警察庁長官官房長

本邦外出身者に対する不当な差別的言動の解消に向けた取組の推進に関する法律(平成28年法律第68号。以下「法」という。)は、別添(省略)のとおり、本日公布・施行された。法は、いわゆるヘイトスピーチの解消が喫緊の課題であることに鑑み、本邦外出身者に対する不当な差別的言動は許されないことを宣言し、こうした言動の解消に向けた取組を推進しようとするものである。いわゆるヘイトスピーチといわれる言動やこれに伴う活動については、これまでも、違法行為を認知した際は法と証拠に基づき取り締まるなど、厳正に対処してきたところ、下記法の目的等を踏まえた警察活動を推進し、不当な差別的言動の解消に向けた取組に寄与されたい。

記

1　法の目的
　本邦外出身者に対する不当な差別的言動の解消が喫緊の課題であることに鑑み、その解消に向けた取組について、基本理念を定め、及び国等の責務を明らかにするとともに、基本的施策を定め、これを推進するものである(法第1条)。

2　法の概要
　法は、基本理念として、「国民は、本邦外出身者に対する不当な差別的言動の解消の必要性に対する理解を深めるとともに、本邦外出身者に対する不当な差別的言動のない社会の実現に寄与するよう努めなければならない」(法第3条)と規定するとともに、国及び地方公共団体の責務として、本邦外出身者に対する不当な差別的言動の解消に向けた取組に関する施策を実施すること等を規定している(法第4条)。また、国及び地方公共団体が実施する基本的施策として、相談体制の整備(法第5条)、教育の充実等(法第6条)及び啓発活動等(法第7条)を掲げている。

なお、法の成立に際し、参議院及び衆議院

の法務委員会において附帯決議が付されており、両決議においては、法の定める本邦外出身者に対する不当な差別的言動以外のものであれば、いかなる差別的言動であっても許されるとの理解は誤りであり、法の趣旨等に鑑み、適切に対処することなどとされている。

3　法を踏まえた警察の対応

法は、その前文において、「不当な差別的言動は許されないことを宣言するとともに、更なる人権教育と人権啓発などを通じて、国民に周知を図り、その理解と協力を得つつ、不当な差別的言動の解消に向けた取組を推進すべく、この法律を制定する」としている。

各位にあっては、法の趣旨を踏まえ、警察職員に対する教養を推進するとともに、法を所管する法務省から各種広報啓発活動等への協力依頼があった場合にはこれに積極的に対応するほか、いわゆるヘイトスピーチといわれる言動やこれに伴う活動について違法行為を認知した際には厳正に対処するなどにより、不当な差別的言動の解消に向けた取組に寄与されたい。

4　添付資料
(1)　法の概要（省略）
(2)　官報（省略）
(3)　参議院法務委員会における附帯決議（省略）
(4)　衆議院法務委員会における附帯決議（省略）

資料9

「本邦外出身者に対する不当な差別的言動の解消に向けた取組の推進に関する法律」の施行について(通知)
（2016年6月20日）

各都道府県教育委員会担当事務主管課長 殿
ほか

文部科学省生涯学習政策局社会教育課長
文部科学省初等中等教育局児童生徒課長
文部科学省高等教育局高等教育企画課長

このたび、別紙1のとおり、「本邦外出身者に対する不当な差別的言動の解消に向けた取組の推進に関する法律」（平成28年法律第68号。以下「本法」という。）が本年6月3日に公布、施行されました。

本法は、本邦外出身者に対する不当な差別的言動の解消に向けた取組について、基本理念を定め、及び国等の責務を明らかにするとともに、基本的施策を定め、これを推進することを目的とするものです。特に、第6条において、本邦外出身者に対する不当な差別的言動を解消するための教育活動等について規定されています。

なお、別紙2及び別紙3のとおり、それぞれ衆議院及び参議院の法務委員会において、附帯決議がなされております。

つきましては、貴職におかれては本法について十分了知されるとともに、本法を踏まえた適切な対応について御留意願います。

また、このことについて、都道府県教育委員会及び指定都市教育委員会にあっては所管の学校及び域内の市区町村教育委員会に対して、都道府県にあっては所管の私立学校に対して、附属学校を置く各国立大学にあっては附属学校に対して、構造改革特別区域法第12条第1項の認定を受けた地方公共団体にあっては認可した学校に対して、周知を図るようお願いします。

〈添付資料〉
(別紙1) 本邦外出身者に対する不当な差別的言動の解消に向けた取組の推進に関する法律
(別紙2) 附帯決議（参議院法務委員会）
(別紙3) 附帯決議（衆議院法務委員会）

外国人人権法連絡会　https://gjinkenh.wordpress.com/

【執筆者】
明戸隆浩（あけど・たかひろ）　関東学院大学非常勤講師
殷勇基（いん・ゆうき）　弁護士
金昌浩（きむ・ちゃんほ）　弁護士
金哲敏（きむ・ちょるみん）　弁護士
佐藤信行（さとう・のぶゆき）　在日韓国人問題研究所（RAIK）
鈴木江理子（すずき・えりこ）　国士舘大学教授
宋惠燕（そん・へよん）　弁護士
田中宏（たなか・ひろし）　一橋大学名誉教授
寺中誠（てらなか・まこと）　東京経済大学非常勤講師
藤本美枝（ふじもと・みえ）　弁護士
師岡康子（もろおか・やすこ）　弁護士

［GENJINブックレット64］
Q&Aヘイトスピーチ解消法

2016年9月30日　第1版第1刷

［監　修］師岡康子
［編　著］外国人人権法連絡会
［発行人］成澤壽信
［編集人］西村吉世江
［発行所］株式会社 現代人文社
　　　　　〒160-0004 東京都新宿区四谷2-10 八ツ橋ビル7階
　　　　　Tel: 03-5379-0307/ Fax: 03-5379-5388
　　　　　E-mail: henshu@genjin.jp（編集）/ hanbai@genjin.jp（販売）
　　　　　Web: www.genjin.jp
［発売所］株式会社 大学図書
［印刷所］株式会社 平河工業社
［装　幀］鈴木 章（skam）

検印省略 Printed in Japan
ISBN978-4-87798-646-9 C0032

◎本書の一部あるいは全部を無断で複写・転載・転訳載などをすること、または磁気媒体等に入力することは、法律で認められた場合を除き、著作者および出版者の権利の侵害となりますので、これらの行為をする場合には、あらかじめ小社または著者に承諾を求めてください。
◎乱丁本・落丁本はお取り換えいたします。

現代人文社のブックレット・シリーズ

社会問題に切り込む！

司法試験 受かった後は借金漬け
㉓ ベンゴマン
お金持ちじゃないと法律家になれない!?
ビギナーズ・ネット 編

司法修習生の給費制が廃止され貸与制に移行した。原則アルバイトが禁止されている修習生は、事実上借金を強制されることになり、法律家になる前に莫大な借金を背負うことになってしまう。こんな状況で人々の権利を守れるのだろうか。
978-4-87798-638-4　2016年刊　900円+税

改革の手を止めてはならない!
㉒ 冤罪を生まない刑事司法へ
現代人文社編集部+水谷規男 編

警察や検察の取調べを改革することを主たる目的として始まったはずの法制審議会特別部会。しかし、ここへ来て改革に向けた動きが失速している。改革が失速した背景、そこから見えてくる冤罪事件をなくすために本当に必要な課題、そして市民一人一人がどう向き合うべきかを提示する。
978-4-87798-561-5　2014年刊　900円+税

司法のあり方と裁判官の独立を考える
㉑ 原発を止めた裁判官
井戸謙一元裁判官が語る原発訴訟と司法の責任
神坂さんの任官拒否を考える市民の会 編

2006年に志賀原発訴訟で原発運転差し止め判決を下した井戸謙一元裁判官がその判断の過程を語り、自身が関わった事件と裁判官生活32年を振り返る。国と電力会社の主張を優先してきた原発訴訟に対する司法のあり方、最高裁の管理・統制におかれている裁判官の独立性を考える。
978-4-87798-558-5　2013年刊　900円+税

人権もグローバルスタンダードへ
⑳ 今こそ個人通報制度の実現を!
世界標準での人権救済に道を開こう
特定非営利活動法人ヒューマンライツ・ナウ 編

人権条約に基づく個人通報制度を導入することで、何が変わるのか。日本でも導入の機運が高まる中で、その意義や実際の運用などについて確認した、シンポジウムの記録と論考。
978-4-87798-505-9　2012年刊　1200円+税

「再審の壁」をどう動かすか
㉕ 冤罪・福岡事件
届かなかった死刑囚の無実の叫び
内田博文 編著

強盗殺人事件で冤罪を訴えたが、西武雄・石井健治郎両氏に死刑判決。西氏は死刑執行。石井氏は恩赦で無期懲役に減刑され出獄後、自身の無実と西氏の無実を訴え続けた。事件の真相、冤罪支援者・古川泰龍氏の活動を紹介し、冤罪救済に立ちはだかる壁と司法の問題を明らかにする。
978-4-87798-502-8　2011年刊　800円+税

真の民主主義国家をつくろう!
㉘ "清き0.6票"は許せない!
一票格差訴訟の上告理由を読む
升永英俊+久保利英明+伊藤真+田上純 編著

1票格差違憲訴訟で、最高裁は格差が5倍前後でも合憲の判断をしている。しかし、本当にそれでよいのか。全国各地の市民が、最高裁の考え方に異議を申し立て、1人1票の実現を目指す。その趣旨と考え方を平易に解説。
978-4-87798-458-8　2010年刊　800円+税

ジャーナリストの表現の自由が危ない!
㉗ 刑罰に脅かされる表現の自由
NGO・ジャーナリストの知る権利をどこまで守れるか?
グリーンピース・ジャパン 編

環境保護NGOグリーンピースのスタッフが、横領事件の証拠となる鯨肉を「盗んだ」として逮捕された事件。しかしこれは単なる横領事件ではない。その裏側にある法的および社会的問題をあぶり出す。
978-4-87798-432-8　2009年刊　1000円+税

不安を感じることはありません
㉖ 裁判員をたのしもう!
裁判員裁判の傾向と対策
現代人文社編集部 編

裁判員制度が始まります。普段接することのない裁判官と一緒に、法廷で仕事ができるまたとないチャンスです。不安・怖いと思っている市民裁判員に裁判を楽しむヒントを差し上げます。
978-4-87798-401-4　2009年刊　900円+税

現代人文社　東京都新宿区四谷2-10　八ッ橋ビル7階
TEL: 03-5379-0307 FAX: 03-5379-5388
URL: http://www.genjin.jp

スマホ・タブレットはこちらから▶